# 소망

 소망

**펴낸날** | 1판 1쇄 2014년 10월 23일
**지은이** | 박진식
**펴낸이** | 최검열
**펴낸곳** | 도서출판 밀알
**등록일** | 제1-158호
**주　소** | 서울시 마포구 상암동 DMCC 6층
**전화번호** | 02-529-0140 **팩스번호** | 02-579-2312
http://www.milalbook.com

ISBN 978-89-418-0284-6(03810)

# 소망

돌시인 박진식 시집

| 차례 |

서문   8

무제·1   26
무제·2   27
소망·1   28
소망·2   29
산다는 것·1   30
자폐증   31
자숙   32
산다는 것·2   33
열 살 아이가 바라본 별   35
별   36
무심가   37
새   38
탈바꿈   40
부모   42
아버지와 소년   44
유년시절의 기행   50
어미 새와 새끼 새   52
짐승의 눈물   58
번뇌·1   65

72 당뇨
79 용기
87 여유
100 다이어트
105 관조·1
109 어머니 전상서
111 덫
113 금단의 땅에서
115 사모곡
116 눈 한 번 질끈 감고
117 씻김굿
118 번뇌·2
119 어느 시퍼런 밤의 눈물
120 염원
122 빛
123 자아검열
125 자조
127 나그네
128 사람

산다는 것·3  132
비 갠 아침  133
자성  134
불멸의 그리움  135
그것  137
고독  138
섭리  139
노숙자  140
장미  142
위안  145
색깔  146
답변  147
진리  148
십자가  150
물음표  153
아름다운 세상  156
관조·2  158
관조·3  159
관조·4  160

164 상사병
165 본능
166 상심
167 통과의례
168 무제·3
169 주홍 글씨
171 구세대 농부 난심가
173 교회에서
175 루시퍼와 예수 그리고
176 정신의 폭주와 라면 한 봉
178 정신분열
183 인공위성
187 칼잽이
189 독설
191 희망이란
192 너머를 향하여
193 아침
194 마지막 편지

202 끝맺음

# 서문

나는 1969년 12월 고추장의 명산지 전라북도 순창에서 태어났다.

부모님은 두 분 모두 형제가 많은 시골 빈농의 집안에서 태어나 조부모님 어깨를 조금이나마 펴드리려고 배운 것, 가진 것 없이 어린 나이에 일찍 머리를 올리셨다. 그러나 가난은 그대로 이어져 입에 풀칠하기도 힘든 소작농으로서 근근이 생계를 꾸려나가셨다.

여느 부모가 그렇듯 우리 부모님도 삶이 고달플수록 자식으로 시름을 달래셨다. 형편이 어렵다보니 다산은 못 하시고 3남매만 두셨는데 막둥이라 그런지 유달리 나를 귀여워하셨다. 나는 그런 시간들 속에서 무럭무럭 자라났다. 선천적으로 아무런 병마나 장애도 없었기에 산과 들로 쏘다니며 온갖 장난을 일삼았다. 그렇게 내 유년의 하늘은 새봄처럼 하늘하늘 거렸다.

내 몸이 이상신호를 보내기 시작한 것은 초등학교를 입학한 여덟 살

무렵부터이다. 우리 집과 학교와의 거리는 애들 걸음으로도 10분이면 충분한데 나에게는 그보다 많은 시간이 소요됐다. 몸을 자유자재로 움직이지 못하는 지체장애가 발생했기 때문이다. 그래도 1학년 때는 발병초기라 양호했었다. 2, 3학년 때부터는 눈에 띄게 달라졌다. 아무리 잰걸음으로도 30분 이상 걸렸다. 놀란 부모님은 나를 데리고 보건소나 동네병원을 전전했으나 한결같이 원인을 알 수 없다며 서울대병원이나 대도시 큰 병원에 가보라는 말만 되풀이할 뿐이었다. 하지만 대물림된 가난으로 그럴 수 없었던 부모님은 점과 굿 그리고 민간요법에 매달리셨다. 촌부로 순박하기만 했던 부모님으로서는 그게 당신들의 최선이었다. 그로인해 나는 차마 입에 담을 수 없는 것까지 약으로 먹어야만 했었는데 그것들이 어찌나 역겹던지 토하기 일쑤였다. 어린 마음에 나는 꾀를 냈다. 그것은 밥을 굶으며 안 먹겠다고 시위하는 것이었다.

신체의 부자유스러움은 등하교뿐만 아니라 모든 일상생활을 불편하게 만들었으나 엄마의 팔베개로 배시시 잠들 수 있었다.

시간이 갈수록 절뚝절뚝 다리를 저는 지경까지 지체장애가 심해지자 짓궂은 아이들이 돌멩이를 던지며 절름발이라고 놀려대기 시작했다. 간혹 술 냄새 풍기는 아저씨들이 병신이 싸돌아다닌다며 무서운 얼굴로 겁을 주기도 했다. 오랜 시간이 흘렀지만 내 마음을 송두리째 유린당한 34, 5년 전 그 순간들을 결코 잊을 수가 없다. 나날이 거동이 힘겹긴 했으나 특별한 통증은 없었기에 엄마의 보살핌으로 견디고 있었는데 어느 날 갑자기 쏟아진 욕설과 병신, 절름발이라는 호칭은 참기 힘든 고통이었고, 그것은 곧 또래들과 어울릴 수 없음을 뜻했으며 외톨이가 되었음을 의미했다. 그렇다고 친구들마저 나를 놀리거나 따돌린 건 아니었다. 70년대 중후반 촌아이들은 장난을 쳐도 자치기다 땅따먹기다 온통 흙밭에서 뒹굴며 험하게 노는데 내 몸은 단지 그걸 허락하지 못하는 상태가 되고 말았기 때문이다. 그 고통은 열 살밖에 안 되었지만 내가 뭔가 잘못되고 있음을 자각하게 했다. 무언가 나를 짓누르는 막연한 두려움을 느낄 수 있었다.

나는 혼자서 지내는 법을 점점 익혀 갔다. 하루 종일 책을 읽거나 친구들이 뛰노는 주변에 쭈그리고 앉아 친구들을 바라보다 땅바닥에 낙서도 하고 개미집이 보이면 시간가는 줄 모르고 개미를 관찰했다. 그래도 외로울 때면 처진 걸음이었지만 친구들 뒤를 졸졸 따라다녔다. 나보다 저학년 애들과 발맞춰 걸을 수는 없었지만 멀리서나마 친구들을 따라다니다 보면 친구들과 하나 된 듯 즐거웠다.

나에게 드리워진 어둠의 그림자는 나를 더욱 수렁으로 내몰고 있었다.

4학년 초 어느 날, 그 날도 나는 친구가 그리워 친구 주위를 맴돌고 있었는데 온전치 못한 다리로 친구들을 바삐 따라다니다 그만 발이 꼬이면서 팥죽이 팔팔 끓고 있던 양은솥에 털썩! 주저앉고 말았다.

순창은 아직도 5일 간격으로 재래시장이 열린다. 장날이 다가오면 장꾼들은 난장에서 미리 준비를 한다. 병마에 이어 화마까지 나를 덮친 그 날도 누군가 장날에 팔 팥죽을 끓이고 있었는데 공교롭게도 그 솥에 내가 주저앉고 말았던 것이다.

'악!'

순간적으로 의식이 아득해지며 비명조차 잠겨버린 외마디 소리가 목에서 맴돌았다. 날카로운 이빨의 요괴들이 하체를 갈가리 물어뜯는 것만 같았다. 나는 비틀거리며 일어나 바지를 내리고 엉덩이를 움켜쥐었다. 바로 그때였다.

'투둑!'

내 손에 뭔가 물컹거리며 한 움큼 잡히는가 싶더니 힘없이 뜯겨져 나왔다. 순간 공포로 가슴이 터질 듯 두근거렸으나 흐물흐물 거리는 그걸 조심스럽게 살펴보았다. 그건 바로 내 엉덩이 살점이었다. 화상이 너무 심해 엉덩이가 순식간에 익어버렸고 그 일부가 내 손에 뜯겨져 나왔던 것이다. 나는 온 몸이 공중에 붕 뜨며 공간뿐인 세계로 빨려 들어갔다. 몸도 마음도 세상도 일순간에 모두 암흑이었다. 어찌할 바를 모르는 나를 두고서 뒤죽박죽인 혼란이 휘몰아쳤다. 쇼크였다.

두 번 다시 회상하고 싶지 않은 그 기억들……. 더구나 그때 난 고작 열 살 소년이었다.

절체절명의 시공간에 빠졌으나 나는 정신을 가다듬었다. 짐승의 고

기처럼 변해버린 내 살점이 손에서 스르르 떨어짐과 동시에 엄마를 부르짖으며 뛰었다. 어리광이 많이 남아 있었던 시기라 무조건 엄마를 보고픈 애절함으로 뛰었다. 입으로는 엄마를 외치고 눈으로는 엄마를 찾으며 두 다리로는 엄마에게 가고 있었지만 난 그렇게 실신상태였다.

나를 보기도 전에 엄마는 넋을 잃고 말았다. 나의 절규가 비수가 되어 엄마의 가슴에 먼저 꽂혀버렸기에……. 난 엄마가 눈에 들어오자 더 이상 견디지 못하고 쓰러지고 말았다. 엄마도 쓰러지고 말았다. 아침까지만 해도 책가방 둘러메고 해맑게 학교에 갔던 내가 피범벅이 된 채 처참하게 나타났으니…….

화상 부위는 정확히 양쪽 엉덩이와 오른쪽 허벅지 아래까지였다.

"아가, 많이 놀랐지?"

화상을 당한 후 엄마는 더욱더 많이 나를 보듬어주셨다. 이름 모를 병마로 평소에도 안쓰럽던 자식이 더욱 측은했나보다. 그렇게 엄마의 애정으로 화상이 아물었는데 돌이켜보면 부모님에게 너무나 죄송스럽다. 건강했더라면 발생하지 않았을 화상까지 유발될 정도로 지체장애가 중증이 되면서 병이 악화되는데도 가난 때문에 종합병원을 데리고 가지 못했으니 부모로서 오죽하셨을까…….

아버지는 노동과 소작농으로 살아가기가 여의치 않자 소작을 모두 그만 두시고 연탄배달부로 전업하셨다. 정확히 1973년부터 1983년까지 만 10년을 일하셨는데, 나를 간병해주시면서 이 얘기 저 얘기 끝에 간간이 들려준 아버지 말씀으로 보면 나는 연탄배달부의 삶이 더 힘겨웠지 않나 싶다.

그 당시는 서민의 주연료가 연탄이라 아버지는 계절에 상관없이 하루에 보통 1000장을 배달하셨다. 연탄 성수기철인 겨울에는 주문량에 떠밀려 2000장 이상도 배달하셨단다.

연탄 한 장의 무게는 3, 4킬로그램이지만 100장을 배달하려면 손수레 무게까지 포함되니 400킬로그램이 넘는다. 하루 배달 양의 무게만 생각해도 연탄 배달부의 자식인 나로서는 말문이 막힐 수밖에 없었다. 더구나 기운이란 소진할수록 몸이 축 쳐지며 힘이 부족하게 마련이다. 따라서 어제 1000장을 거뜬히 배달했어도 오늘 다시 그 일과 줄다리기를 해내기란 고역일 수밖에 없다. 그럼에도 연탄배달을 십 년이나 해내신 아버지였다. 연탄배달이 중노동인 건 연탄의 중량 때문만은 아니다. 지금은 시골도 거의 모든 길이 포장됐지만 80년대 초까지 순창은 대로를 제외하면 모두 비포장이었다. 더욱이 농촌이라 돌이 많고 협소한 주택가 골목 사이사이로 연탄 손수레를 끌고 오가기란 여간 곤욕이 아닐 수 없었다. 비라도 올라치면 질퍽해진 땅에 손수레 바퀴가 박히기 일쑤였고, 눈이 오면 그대로 빙판이 돼버리니 연탄을 떨어뜨리지 않으려면 손수레를 곡예 하듯 아슬아슬하게 끌어야했다. 연탄 주문량과 비례해 배달 길이도 몇 킬로미터로 늘어나는 셈이니 그 모든 고충 앞에서 나는 고개가 절로 숙여지지 않을 수 없었다.

변변한 옷 한 벌도 없이 늘 청색 작업복만 걸친 아버지가 새카만 연탄과 하나가 된 채 연탄 손수레를 끌며 묵묵히 삶과 씨름하던 모습을 나는 뚜렷이 기억한다. 그럼에도 우리 집은 단칸방 월세로 사는 신세였다. 박복한 아버지에게 일복만 찌들었지 다른 복은 없었다. 한낱 배달부에 불과하였던 아버지가 받은 배달료는 연탄 한 장당 3원이었다. 그나마 몇 년이 지난 후에 1, 2원이라도 인상되었지만 1000장을 배달하고도 3,4천 원 벌이에 그쳤으니 중노동에 비해 산다는 것이 너무 가슴 시린 것 아니었는지……. 하지만 그런 부모는 비단 나의 아버지만이 아니었을 것이다. 충실한 삶에 비해 열매가 초라해도 예나 지금이나 가족들을 위해 가장의 이름으로 질주하는 수많은 아버지들이 있다. 그리고 그 '아버지'들에게는 '자식'이라는 위안이 필요했다.

소년이었던 나에게 각인 된 아버지의 초상이 또 하나 있다. 중화상을 당하기 며칠 전 어느 날, 아버지가 미친 듯이 일에 몰두해 있는 걸 봤다. 그것은 바로 아버지라는 광기였다. 날이면 날마다 지긋지긋하게 이어지는 중노동을 해내려면 그야말로 미친 듯이 일에 빠져야만 했던 것이다. 그 광기가 아버지로 하여금 10년 동안이나 연탄배달을 가능하게 했을 것이다. 그리고 그것은 모든 아버지들이 거는 삶의 투쟁이지 않나 싶다. 어떡하든 자식에게만은 편한 세상을 물려주고 싶은 아버지들만의 투쟁. 만약 당신 혼자 몸이었다면 그토록 모질게는 세상을 살지 않으셨을 것이다.

아버지의 뒤에서 어머니도 삶의 일선에 계셨다. 어머니는 봄이면 날품팔이 모심기, 여름이면 과일 행상, 화장품 외판, 그 외에 식당일 같은 잡다한 일을 하셨다.

아버지가 연탄배달을 하셨지만 정작 우리 집은 어머니가 산에서 주워온 나뭇가지로 모든 연료를 대신했다.

그토록 삶에 목이 멘 부모님에게 하늘은 불치병 자식을, 나에게는 초라한 부모를 안겼다.

쓸쓸하지 않을 수 없지만 슬픔도 힘이 된다. 훗날 그 서러움이 운명에게 맞서는 나의 발악이 되었다.

나의 보행은 점점 더 힘들어졌다. 급기야 6학년 중반에는 등교시간이 두 시간이나 걸렸다. 하교시간도 마찬가지였는데 선생님 배려로 일찍 하교할 수 있었다. 그러나 내가 교문을 벗어나기도 전에 한 시간 늦게 하교한 친구들에게 추월당하고 말았다. 그렇게 전교생이 썰물처럼 모두 빠져나가고 텅 빈 운동장에 나만 혼자 덩그러니 남겨질 때면 소리 없는 눈물이 주르륵 흘러내렸다. 나는 울음을 삼키려 하늘을 올려다보았다. 황토빛 저녁놀이 잔잔하게 일렁이며 그렁그렁한 내 두 눈 속으로 들어왔다. 나는 서둘러 고개를 숙였다. 슬픔을 지우려 하늘을 보았는데 찬란하고 광활한 하늘은 역으로 더욱 설움을 복받치게 했다. 그때 알았다. 감정이 격할 때면 하늘보다 땅을 봐야 한다는 걸. 땅을 보면 얼굴을 감싸고 아무도 모르게 울 수라도 있으니까…….

1980년 전라남도 광주의 ○○병원

"죄송합니다. 할 수 있는 검사는 모두 해봤습니다만 현재 의료수준으로선 원인불명의 전신석회화증이라는 말씀밖에 드릴 수가 없군요."

"……?"

"어떻게 말씀드려야 할지…… 마지막 순간까지 돌이 되는 겁니다. 마치 마네킹이 되어 간다고 할까요. 점점 지체장애가 심화되는 것을 생각해보십시오."

"그럴 리가…… 그럴 리가 없습니다. 어떻게 멀쩡히 살아 있는 사람이 돌이 됩니까?"

"…….."

"그래도 고칠 수는 있는 거죠. 선생님!"

"…….."

"선생님, 부탁입니다. 저 어린 것이 무슨 죄가 있다고…… 제발 살려 주세요."

"…….."

부모님은 나를 안고 펑펑 울기 시작했다. 나도 덩달아 울음을 터뜨렸다. 그러자 잠시 머뭇거리던 의사가 말문을 열었다.

"그렇다면 아드님을 저희에게 맡겨주십시오. 희귀한 질환에 걸린 아드님은 의학적 의미가 큽니다. 그러니까, 의학에 종사하는 저희들이 의학연구를 병행하면서 치료법을 찾아보도록 하겠습니다."

"……?"

"현재 상태로 봐서 아드님 생명은 매우 위험합니다. 스무 살을 넘기기도 희박한데 서서히 생매장 당하는 고통까지 겪게 됩니다. 힘드시더라도 의료진에게 완전히 맡기는 것이……."

일순간에 영원 같은 침묵이 짙게 드리워졌다. 윤회나 종교를 떠나 분명 부모도 자식도 죄라고밖에 할 수 없었다.

과연 제 3자라면 어떠한 선택을 했을지…….

세상에서 제일 강하면서 제일 연약한 건 바로 부모였다.

"부모로서 자식에게 차마 그럴 수는 없습니다. 죽더라도 부모 품에서 죽게 하고 싶습니다."

진눈깨비가 유난히 기승을 부리던 그 해 겨울, 나는 겨울이 가고 봄꽃이 필 때까지 부모 품에 안겨 여러 종합병원을 전전했다. 혹시나 하는 소망과 미련 때문이었는데 모든 게 당신들의 잘못인양 생기를 잃어버린 부모님이 한없이 왜소하게 느껴졌다.

"어리니까 먹고 싶은 거나 먹게 해주세요."

그랬다. 나를 두고서 나이 지긋한 박사님들이 머리를 맞댔지만 결론은 그것뿐이었다. 그리고 그걸 증명이라도 하듯 나는 중학교에 입학해야 할 1981년 3월부터 집에서 완전 와상생활에 들어갔다.

하루는 24시간, 한 시간은 60분, 일 년은 365일…… 째깍째깍, 째깍째깍 하루해가 몇 년 같은 시간 속에서 병마는 나의 심신을 파먹으며 나의 꿈, 나의 사춘기, 나의 사랑을 모두 앗아가고 있었다.

잔혹한 운명은 이름마저 앗아갔다. 초등학교 동창 녀석들이 중, 고교를 다니고 대학을 다니고 사회인이 되어도 그 누구도 내 이름을 불러주지 않았다. 나 또한 그 누구도 부를 수 없었다. 만날 수 있는 사람이라곤 곤궁한 삶에 쫓겨 아침저녁으로 스치듯 지나치는 아버지와 어머니가 전부였다.

외로웠다.

절대 고독 속에서 저주받은 내 몸은 머리에서 발끝까지 흐물흐물 헐었다. 고체화되기 전의 석회물질인 하얀 액체가 피와 뒤섞여 전신에서 흘러나왔다. 잇몸과 귓속도 예외가 아니었다. 마치 한 땀 한 땀 수를 놓듯 온 몸이 만신창이가 되어갔다. 심한 환부는 시커멓게 썩었다. 피비린내와 매캐한 그 악취는 주검의 냄새가 되어 파리, 모기, 구더기를 바글바글 꼬이게 했다. 통증으로 정신을 잃고 통증으로 정신을 차리며 실신을 거듭했다. 며칠씩 혼수상태에 빠져 사선을 숱하게 넘나들었으나 무심한 하늘은 실낱같은 목숨을 거두지 않았다. 오로지 현재진행형인 아픔과 고통, 번뇌만 줄 뿐이었다.

너무나 치가 떨려 TV에서나 듣던 마약에라도 기대고 싶었지만 나는 흔한 진통제 한 대 맞을 수 없었다. 내 상태가 워낙 위중했기에 호흡곤란을 겪어도 동네병원에서는 사소한 처치를 하더라도 쇼크사가 우려되니 정밀검사가 선행돼야 한다며 종합병원행만 처방할 뿐이었다. 문제는 그런 상황이 비일비재한데 형편상 그럴 때마다 대형병원에 입원할 수가 없었다는 것이다. 그렇게 나는 의료사각지대에 있었다.

부모님은 빚이라도 내어 종합병원에 입원시키려고 했지만 나는 아무리 숨이 턱에 걸려도 그럴 수 없었다. 입원하면 어떡하든 통증이야 경감시킬 수 있겠지만 병이 멈추지 않으니 퇴원하면 입원하기 전이나 마찬가지였다. 그러나 뻔한 수입으로 무거워질 부모님의 어깨와 심적 부담은 그렇잖아도 부모 가슴에 대못인 나를 더욱 불효자라는 굴레로 옭아맨다. 물론 나도 연약한 짐승인지라 때로는 이것저것 따지지 않고 무조건 입원하고 싶었지만 현실을 외면할 수는 없는 일, 가난도 죄라고 하늘을 우러러 나의 아버지는 연탄배달부에 이어 19년간이나 청소부였다.

상황이 심각하게 되자 아버지는 연구용으로 병원에 맡기지 않은 것을 후회했으나 때는 늦었다.

단 한 가지 나에게 주어진 진통제라면 오로지 엄마, 여름에는 찌는 듯한 찜통, 겨울에는 방안에 떠놓은 물이 얼 정도로 춥고 더운 슬레이트 지붕아래 조그만 방안에서 병과 씨름하며 비명처럼 눈을 떠보면 언제나 그 엄마는 내 곁에 계셨다. 눈보라 몰아치는 밤에도, 장대비가 퍼붓는 한밤에도 오로지 엄마만이……. 그럴 때면 이 넓고 넓은 하늘 아래 엄마와 나만 단둘이 쓸쓸하게 버려져 있는 듯 했다.

1987년 어느새 청년으로 머리 굵어진 나는 어머니의 부축을 받으며 일어서는 운동을 하기 시작했다. 모든 관절들이 굳어져 앉지도 서지도 못하고 7년이나 누워만 있었던 나의 육신은 쇠약해질 대로 쇠약해져 스무 살 청춘인데도 27킬로그램에 불과했다. 결국 힘겨운 운동을 이겨내지 못하고 쓰러져 혈관이 파열되고 부러진 뼈는 살갖을 뚫고 나왔다. 하지만 나는 운동을 멈추지 않았다. 이유는 단 한 가지, 화장실에서 용변을 보기 위해, 그럼으로 어머니가 조금이나마 덜 힘들게 하기 위해, 그 일념으로 운동을 시작한지 1년 만에 마침내 화장실에서 볼일을 보게 되었다. 건강한 사람에게는 별 것 아니지만 나에게 그 기쁨은 이 세상을 다 얻은 것 같았다.

시간은 그렇게 또 그렇게 흘러갔다. 일 년, 이 년, 삼 년 그리고 십 년……. 그만큼 아팠으면 단지 덜 아프기라도 하면 좋으련만…… 언제나 병마는 현재형이라 1년을 아프고 나면 그만큼 화석인간이 될 뿐이었다. 작년은 팔꿈치, 재작년은 목, 등, 어깨…….

아무리 궁지에 몰려도 미련을 떨칠 수 없어 어렵게 종합병원을 다시 찾았으나 현대의학의 예견대로 폐와 심장까지 석회화가 진행되고 있었다. 당뇨, 고지혈증, 협심증 등등 합병증을 동반한 채로…….

또다시 얼마나 쫓겼을까. 예정대로 나는 전신골격마비가 되고 말았다. 1급 지체장애인이라는 꼬리표가 붙은 마네킹 인간이 되고 말았다. 극도의 신경쇠약으로 눈이 뒤집히고 어깨와 얼굴은 뒤틀리고, 혀는 목으로 말려들어 가는 안면 신경마비도 발생했다. 그럼에도 나에게 남은 일과는 오직 투병.

어머니, 뭐 하려고 나를 낳으셨나요.
자고 싶어요.
단 하루만이라도 안 아프고 잠 좀 자고 싶어요.

저는 사람답게 살려고 웃고 또 웃었습니다.
어머니 가슴에 미소를 띠우며 떠나는 것,
그 일념 하나로 참고 참았습니다.
어머니도 아시죠.
어머니 아들이 얼마나 아팠는지,
얼마나 피눈물을 쏟아야 했는지,
저의 어머니시니 저보다 더 잘 아실 거예요.
그럼에도 저에겐 끝없는 눈물만 있습니다.
어머니, 당신을 우러러 정녕 사람 사는 것이 이래도 됩니까?
물려주세요. 제가 있기 전으로 돌려주세요.
왜 말이 없으세요. 말 좀 하세요. 속 시원히 말 좀 해주세요.
어머니, 어머니도 지긋지긋하시죠.
부모와 자식은 하늘이 맺어준다지만
어머니와 저는 뭐가 잘못돼도 크게 잘못되었답니다.
그렇지 않고선 절대로 이럴 수 없어요.
이러면 안돼요.

어머니나 저나 만나기 전으로 돌려야 합니다.
그래야 합니다.
어머니, 죄 지은 김에 마저 말씀 올립니다.
저를 죽여주세요.
어머니가 주신 목숨 어머니 손에 쉬고 싶습니다.
부디 이 자식의 소원을 들어주세요.
아마, 하늘도 용서할 겁니다.

울었다. 목 놓아 울었다. 살아서 죽어 버린 망자가 되어 횡- 횡- 거센 바람소리를 내며 흩날렸다.

"불쌍한 내 새끼, 우지마라! 우지마라! 아가, 아가, 엄마가 대신 아파줄게 우지마라……! 우지마라 내 새끼……! 엄마가 뭔 죄가 이리 많아 내 새끼가 이리 아프다냐……. 아가, 아가……."

어머니도 쇳소리를 내며 통곡하셨다. 그 와중에도 날갯죽지를 뜯어주셨다. 어머니의 품은 변함없이 포근했다. 속은 썩어 문드러진 고목이었지만 영원히 자식의 것이었다.

어머니나 눈물을 거두세요. 어머닌 저 때문에 잠 못 이루시지만 저도 어머니 때문에 영원히 쉬지를 못한답니다. 아십니까. 자식노릇도 못하고 영원한 이별만 준비해야 하는 그걸, 그걸 말입니다.

결과론이지만 부모와 자식이라는 인연 속에서 파생되는 모든 죄를 부모 품에서 투병하며 고스란히 떠안고 있던 나로서는 2000년 8월 간경화로 쓰러진 아버지의 병마도 내 죄인 것만 같았다.

살아 있으나 산 것도 아니고 죽은 것도 아닌 연옥에 갇혀 나의 정신은 황폐해져만 갔다. 그러던 어느 날, 그래도 내일의 태양을 맞이할 수 있음에 그 무언가가 나의 가슴속에서 치밀어 오르며 나의 두 눈을 빛나게 했다. 그것은 참담함 속에서 피어난 연정 같았다. 그리고 오랜 투병은 운명에게 맞서는 여유를 갖게 했다.

나는 옆으로 반듯하게 누워 양 손가락 사이에 낀 볼펜으로 컴퓨터 자판을 누르며 글을 쓰기 시작했다. 삼십 년 동안의 석회화로 나는 그렇게밖에 글을 쓸 수 없었다. 그런 와중에도 악화되는 병세는 정신을 혼미하게 했지만 나에게는 어머니라는 방패가 있었기에 계속 글을 쓸 수 있었다.

12년 전부터 생활보호대상자로 지정되어 2003년 10월 대학병원에 입원했었다. 나를 검사한 교수는 석회화증 환자가 있긴 하지만 나처럼 중증인 경우는 세계에서 한 명뿐일 거라고 했다. 덧붙여 생존자체가 놀라운 일이라고 했다. 그 현실로 미루어 볼 때 내 몸은 언제 어느 때 경직성 호흡곤란이나 심장마비가 발생할지 모른다. 그렇지만 나는 오늘도 나의 하늘을 올려다본다.

무제·1 | 무제·2 | 소망·1 | 소망·2 |
산다는 것·1 | 자폐증 | 자숙 | 산다는 것·2 | 열 살 아이가 바라본 별 |
별 | 무심가 | 새 | 탈바꿈 | 부모 | 아버지와 소년 |
유년시절의 기행 | 어미 새와 새끼 새 | 짐승의 눈물 | 번뇌·1

# 무제·1

엄마는 나를 낳고
나는 어머니를 낳고

어머니는 나를 낳으시고
나는 엄마를 낳고

## 무제 · 2

추락하는 건 날개가 없다.
날개가 있다면 추락하지 않는다.

추락하는 건 날개가 있다.
추락하기에 기필코 날개를 만든다.

'나'라는 새는 단 한 마리뿐이다.

# 소망 · 1

새벽, 겨우겨우라도 잠자리에서 일어나 아침햇살을 볼 수 있기를

아침이면 아무리 힘든 일일지라도 일을 시작할 수 있기를

점심에 땀 훔치며 퍼져버린 라면이라도 먹을 수 있기를

저녁, 보람으로 소주 한 잔 들이킬 수 있기를

하루 일과를 식구에게 줄 붕어빵이라도 달랑달랑 거리며 끝마칠 수 있기를

그렇게, 또 그렇게 내일을 꿈꾸며 잠들 수 있기를

# 소망·2

삼키려 삼키려 발악했어도
잡으려 잡으려 타들어갔어도
버티려 버티려 문드러졌어도
바람은 쉼이 없다.

생의 값이라지만
육의 탈을 쓴 짐승으로서
그만 주렸으면…….
조금만 덜 주렸으면…….

# 산다는 것 · 1

바다는 원래 맹물이었대.
어느 날부터인가
사람들이 하나둘 허둥지둥 몰려오더니
산다는 것으로 달달 볶아져서
짭짤해진 눈물 한 방울씩
묻혀놓고 갔대.

밥 묵자! 밥!

# 자폐증

아가야,
넌 지금 어디에 있니?
네 속에 네가 너무 많아
너도 너를 찾아 헤매고 있니?

아가야,
어서어서 너에게서 나오려무나.
이 엄마는 하루 종일 너를 안고 있어도
보고 싶은 우리 예쁜 아가
본얼굴을 볼 수가 없구나.

아무래도 이 엄마가 울 애기 새카만 두 눈 속으로 들어가야
너도 모르게 깊이깊이 숨어버린 너를 찾을 수 있을까보다.

아가야,
더 이상 헤매지 말고 기다리렴.
이 엄마가 기필코 너를 찾아 업고 나올 테니…….
다시는 혼돈 속에 널 홀로 떨게 하지 않을 테니…….

# 자숙

바다를 보았다.
일찍 삶에 내몰린 소년이 태어나 처음으로 바다를 보았다.
주홍빛 아침 해가 떠오르는 광활한 세상을 보았다.
어려도 대자연의 울림에 가슴이 벅찼다.

키가 훌쩍 자란 소년이 어느 날 다시 바다를 보았다.
바다는 여전히 짰고 여전히 여기저기에서 눈물방울이
떨어지고 있었다.

짜도 먹을 만했고 아무리 짜도 먹는 방법에 따라 견딜 만했다.

소년이 그렇게 어른이 되었다.

## 산다는 것 · 2

왜 사느냐고 물으신다면
먼 산 한 번 쳐다보고 큰 숨 한 번 내쉬렵니다.

왜 사느냐고 그래도 물으신다면
고개 숙여 두리번대다가 그댈 보며 미소 지으렵니다.

그런 대답 지겹게 봤소!
지랄하지 말고 속 시원히 말해보쇼!
왜, 사시오?
나 같으면 차라리 죽겠소.

당신은 왜, 사십니까?
나야 사는 것이 좋아서 사요.
나도 마찬가지요.
예끼! 이 사람아, 차라리 마지못해 산다고 하지.

말 다 하셨습니까?
왜, 멱살이라도 잡고 싶소? 그래도 할 말은 해야겠소.
왜, 사시오? 뭔 낙으로 사냔 말이오?

당신이랑 이 세상에 있고 싶어 삽니다.
당신이 곁에 있으니 살아요.

## 열 살 아이가 바라본 별

별은 어째서 그렇게 반짝거릴까.
별은 누구를 위해 반짝거릴까.

아마도 이 세상 모든 사람을 위해 반짝거릴 거야.

옛날 동방박사들은 별을 보고 예수님을 찾아왔지.
별이 없었다면 동방박사들은 예수님을 못 볼 수도 있었겠지.

별은 별자리도 만들 수도 있지.
사자자리, 처녀자리, 전갈자리……..
수없이 많은 별자리를 만들 수 있지.
북두칠성을 보고 방향도 알 수 있지.

별은 예쁘기도 하고
우리를 사랑하기도 하지.

# 별

애초부터 심연 깊은 곳에 따놓고도
정작 필요할 때면 다른 곳에서 따려고 허둥댄다.

## 무심가

살다보면,
한 잔 술에 취해 무상무념의 세계 무심에 빠져
한바탕 질펀하게 놀고 싶더라.

살다보니,
한 잔 술에 취해 무상무념의 세계 무심에 빠져
한바탕 질펀하게 놀 수가 없더라.

내 오늘은 단단히 벼르고 별러
한 잔 술에 취해 무상무념의 세계 무심에 빠져
한바탕 질펀하게 놀았더라.

얼마나 놀았을까?
불현듯 눈을 떠보니,
무심도 산다는 것으로 안달이 난 유심이라
무심가로 다시 놀지 못하겠더라.

사람 산다는 것 다 그런 거더라.

# 새

새는 날았다.
날개가 있기에 날았다.
새이기에 날았다.

새는 그렇게 새임을 각성했다.

평온은 오래가지 않았다.
일순 서슬 퍼런 달빛침묵이 흐르고 날개가 꺾인 새는
영겁의 침잠 속으로 곤두박질쳤다.

왜 그래야만 했는지는 아무도 모른다.

새는 더 이상 날지 못했다.
잿빛 허공에 박힌 두 눈을 응시하며
원초적 괴성을 토할 뿐이었다.

시간은 흘렀다.
싸늘한 주검에 무서리가 쌓이고
영면보다 더한 강의 흐름이 있었다.

혼돈의 정점에는 고요가, 암흑의 중심에는 평온이 있었다.
태곳적 숨결이 속삭이고 있었다.

새가 난다. 무형의 음성이 흩날린다.
무덤가에 오늘의 새싹이 돋고 얼굴 없는 노란 애벌레 한 마리,
꼬물꼬물 실낱같은 줄을 타고 다시 하늘을 오른다.

## 탈바꿈

어디선가 부르는 소리가 들렸지.
긴 포물선을 그리며 부르고 있었어.
다 아는 듯 기다리고 있었어.
나는 뛰기 시작했어.
그것을 가르며 질주를 했지.
어설픈 몸짓으로 꽤 뛴 것 같아.
한 꺼풀 한 꺼풀 벗겨지면서 두 팔이 활짝 젖혀지고
탄력 받은 두 다리가 서서히 하늘로 날아올라.
붕~붕~붕~ 붕~붕~붕~
나는 바람을 잡았어. 바람을 잡았어.
설레. 배가 불러.
그토록 배가 고팠는데 모두 벗어버렸더니 배가 터질 것만 같아.
이러면 되는 구나. 이런 거였구나. 이런 거였어.
이렇게 간단한 걸 그때는 왜 몰랐을까? 이래야만 아는 걸까?
괜히 눈물이 나 심호흡을 하며 세상을 내려다보았지.
온 세상이 다르게 보여.
왠지 아름답고 잊고 있었던 것들이 하나둘 떠올라 익숙한 것들이 새롭게 느껴져.
그토록 그랬던 저것마저 이젠 담담해.

나는 그대로 멈춰 있었어.
바람소리를 들으며 한참을 서 있었어.
비바람이 몰아친다고 너무 오래 잊어버리고 있었나봐.
또 눈물이 나 얼른 고개를 숙였지.
누가 볼지 모르잖아.
붕~붕~붕~ 붕~붕~붕~
다시 뛰기 시작했어.
나는 뛰는 게 좋아.
나는 더 이상 애벌레가 아니야!
나는 더 이상 나의 인질이 아니야!

나는 나비다!

# 부모

요것 묵어라.

오늘도 막노동으로 하루를 끝마치시고
어둑어둑해져서야 집으로 돌아오신 아버지께서
불쑥 내미신 팩 우유

아무리 24시간 내내 구들장만 지고
입만 벌리고 있는 당신의 새끼라고는 하지만
아버지, 이제는 아예 잊고 사십니까?
당신 자식의 나이를 말입니다.

이 자식은 벌써 서른이 넘었답니다.
아버진 칠순이시구요.
제발 이러지 마세요.
목마른 것은 당신이지 제가 아니잖아요.

아무리 짜증을 내고 사정도 하고
이성으로 반박을 해봐도
아버지의 주머니에선 오늘도

요것 묵어라. 요것도 묵어라.

부모는 그러더라.

## 아버지와 소년

화장터 굴뚝이 잿빛연기를 무심히 내뿜고 있는 하늘 저편, 책보에 싼 노란 양은 도시락 어깨에 메고 소풍가는 소년의 여린 두 손을 아버지의 마디 굵은 두 손이 어루만져주고 있었습니다. 그리고 소년의 손에는 백 원이 쥐어져 있었습니다.

1958년 고학생(苦學生) 매혈로 사망
사주한 건 맨몸뚱이 배고픈 죄와 보릿고개 걸린 세상, 하루에도 열두 번 목을 매는 질기고 모진 명줄
아무리 그래도 죄 안 짓고 피라도 팔아서 한번 살아보고 싶지만 혈액도 필요량이 정해져 있으니 매혈(賣血)이 뇌물까지 오가며 경쟁을 벌여야 하는 현실로써 강산이 넘도록 설쳐댔습니다. 그 한복판에서 군역의 시기를 맞은 아버지는 서둘러 자원입대했습니다. 그리고 규칙적인 식사시간을 기다리고 기다렸습니다.

아버지는 흡연을 하지 않았으나 배급받은 군용담배를 안 피울 수가 없었습니다. 호기스럽게 인심 쓸 수도 없었습니다. 너무나 너무나도 배를 곯다보니 입에 들어가는 건 뭐든지 먹고 싶고 아까워서……. 그리고 그런 담배연기 한 모금에 어제를 잊고 오늘을 견디며 내일을 바라보았습니다. 더도 덜도 말고 김 모락모락 피어오르는 하얀 쌀밥

한 그릇 배 터지게 먹을 수 있는 내일을…….

'경제개발 5개년, 월남파병, 새마을 운동, 중동취업…….'

드디어 죽였습니다. 드디어 죽였어요.
어머니, 드디어 죽였습니다.
광분한 사천왕 서슬보다도 두렵던 보릿고개
회돌이 치는 7년 가뭄보다도 목 타던 세상
마침내 술안줏감이 되었습니다.

자, 자, 어서 승리의 축배를 드세요.
고급이란 전리품도 챙기세요.
설령 그때를, 그때를 아십니까가 망령처럼 되살아난다 해도
가끔은 돈키호테가 되어 폼도 멋지게 잡아보세요.
어머니가 죽어 눈물이 앞을 가려도 술 마시면 술맛이 느껴지잖아요.

"아버지, 제발 궁상 좀 떨지 마세요. 가난이 지겹지도 않으세요. 그렇다고 누가 사치하랍니까. 다만 이제는 웬만큼 숨통이 트였으니 친구 분이랑 술도 한 잔 하시고, 평생 일만 하시느라 바람도 한 번 못 쐬셨으니 놀러도 좀 다니세요."

상처가 클수록 후유증은 더 컸습니다.
아버지 뼛골에 새겨진 그 육시랄 놈의 세상은 감 따다 떨어져 뼈가 부러져도 병원은커녕 약 한 첩도 못 사시고 참아버리는 절약의 바보

로 만들었습니다.

앙상하고 초췌한 몰골로 이글이글거리는 불구덩이 속으로 던져지는 아버지 삶의 50년 지기는 화랑담배, 신문지 같은 허드레 종이에 담배가루를 둘둘 말아 종이의 끄트머리를 침으로 봉해서 피우는 가루담배, 그리고 새마을, 환희, 청자, 솔…….

제일 싸구려인 만큼 독하고 독한 그 담배들은
한강의 기적 초석을 다진 한 일꾼의 계보

소년은 코흘리개일 때부터 아버지 담배 심부름을 했었습니다. 벽촌의 담뱃가게 아저씨는 누가 무슨 담배를 피우는지 쭉 꿰고 있었습니다. 그리고 소년에게는 항상 제일 싸구려 담배만 주었습니다. 심지어 생활형편이 점점 나아질수록 고급담배는 쏟아져 나오고 싸구려 저급 담배는 단종될 때도 알아서 척척 가장 싼 담배만 골라주었습니다. 어디서 어떻게 구했는지 시중에서 볼 수 없는 젤 싼 담배를 구해주었습니다.

비록 어린 자식에 불과할지라도 아버지가 값싼 담배만 피는 것이 창피하고 기가 죽던 소년은 10살 때부터는 담뱃값을 치르자마자 후닥닥 내뺐습니다. 최고급 담배를 사는 부잣집 친구와 맞닥뜨렸을 땐 담배와 담뱃값 든 손을 뒤춤에 허둥지둥 숨겨야했습니다. 그리고 집에 와 펑펑 울었습니다. 철부지 소년이 느껴야했던 가난은 무릎과 팔꿈치가 닳고 닳아 구멍이 뚫려버린 헤진 옷 사이로 스며드는 설움을 지나 이를 악물게 하는 분노가 되었습니다.

뜸~북 뜸~북 뜸~북새 논~에서 울고
뻐~꾹 뻐~꾹 뻐~꾹새 숲~에서 울제
우~리 오~빠 말 타고 서~울 가~시면
비~단 구~두 사 가지고 오~신다~더니…….

대폿집에 들렀는지 소쩍새가 구슬피 울어도 아버지가 돌아오지 않으면 소년은 달빛 고요한 마루에 앉아 '오빠생각'을 곧잘 부르곤 했습니다. 누렁이를 쓰다듬고 있는 두 손과 밤하늘에 걸린 두 눈동자에는 빈혈귀신 때문에 별이 되었다는 엄마별을 찾고 있었습니다. 그리고 시끌벅적한 소풍을 손꼽아 기다렸습니다. 엄마 손도 잡을 수 없는 소풍이라 더욱 쓸쓸했지만 그럼에도 소풍 특유의 들뜸이 그나마 좋았으니까요.

어느 해 소풍부터인가 친구들 뛰노는 들판 한쪽에 소년은 우두커니 앉아 있었습니다. 여전히 손에는 백 원이 쥐어져 있었으나 또다시 허공을 붙잡고 있는 두 눈에는 연탄손수레를 죽어라 끌고 있는 새카만 아버지가 있었습니다. 그리고 백 원은 아버지의 기호품이 되었습니다.

소풍을 마치고 집으로 돌아오던 길목 내내 호주머니에 든 담배를 비밀스럽게 만지작만지작 대던 소년은 부푼 가슴으로 하늘을 걷고 있었습니다. 우연히 담배 이름도 '환희'였습니다.

소년은 질주했습니다. 오로지 최고급 담배를 향하여 내달렸습니다. 그리고 그것을 희망이라 믿었습니다.

달리고 달렸습니다. 최고급 담배가 쌓이고 쌓였는데도 멈추지 않았습니다. 결코 뒤돌아보지도 않았습니다. 오로지 앞만 있었을 뿐입니다.

"아버지, 이번 추석에도 못 내려가겠어요.
경기침체라 더 바쁘네요.
통장 확인하세요.
그리고 제발 담배라도 고급담배 사 피우세요."

"오냐오냐! 손자 녀석 건강하고 너 잘 사는 걸로 애비는 다 됐다."

'부친 위독 급래요망'

"급성폐암입니다. 최근 몇 년간 독한 담배를 부쩍 많이 피우셨나봅니다. 그리고 너무 늦게 오셨습니다. 매우 고통스러웠을 텐데……."

아버지가 그랬던 것처럼 한 모금 담배 연기를 피워 물며 다 그런 거지 뭐 그런 거지 해보지만 한 인생이 고작 한줌재가 되어 사라져 가는 하늘에는, 아니 사람 산다는 하늘에는 예전이나 지금이나 뭐가 그리도 바쁘고 쫓기는지 화르르 피어오르다 사르르 사라져 가는 담배 연기로 자욱하다.

태양은 여전히
그저 그렇게 떠오르는데…….

## 유년시절의 기행

70년대 울 아부지 울 옴마,
죽어라죽어라 허리띠를 졸라매도
까까머리 우리 집 막둥이는
왜 그다지도 배가 고프고 입이 궁금한지
10원 들고 쪼르르 점빵에 달려가
쫀드기 살까? 캬라멜 살까? 눈깔사탕 살까?
머뭇머뭇 꼴깍꼴깍

초롱초롱 새카만 두 눈
푸~ 푸~ 풍선껌도 불어보고
오물오물 뽀빠이도 먹어보지만
두 손은 이번에도 양 많은 건빵에
배부른 건빵에

점빵을 나서려니
주춤주춤 아쉬운 발걸음
힐끔힐끔 살금살금
결국 사고 친다.

건빵 한 봉 슬그머니
더 들고서 종종걸음 총총총!
종종걸음 총총총!

주인아저씨,
이놈! 하실라.
찔끔찔끔 식은땀 줄줄
콩닥콩닥 불이 난 새가슴
잘못했어요. 잘못했어요.

그래도, 그래도
훔쳐버린 건빵 한 봉지 더 꼭 쥐고서
종종걸음 총총총!
종종걸음 총총총!

# 어미 새와 새끼 새

어미 새 한 마리가 있었다. 새끼를 배자 인적 드문 산골짜기 높은 소나무 위에 둥지를 틀고 알을 하나 낳아 밤낮으로 품어 새끼를 보게 된 어미 새, 새끼를 처음 낳아본 어미 새는 알에서 갓 부화한 새끼 새가 너무나 사랑스러웠다. 새끼 새가 꼬물꼬물 움직이며 두 눈을 깜박깜박 거릴 때면 어미 새는 춤추듯 날개를 퍼덕이며 하늘을 훨훨 날았다. 그리고 부지런히 먹이를 물어와 새끼 새에게 먹였다. 어미 새는 하루하루가 들뜨고 행복했다.

어느 날, 세찬 비바람이 불기 시작하더니 거대한 태풍이 몰아쳤다. 이 세상 모든 걸 빼앗아 갈듯 사납고 무서운 태풍이었다. 연약한 새끼 새는 거센 비바람을 그대로 맞으며 애처롭게 떨었다. 어미 새는 혹시나 둥지가 날아가지는 않을까 행여 새끼 새가 떨어지지는 않을까 애태우며 어찌할 바를 모르고 둥지 주위를 어지러이 맴돌았다. 다급한 듯 고개를 하늘로 높이 치켜들고 큰 소리로 울부짖기도 했다.

며칠이 지나자 언제 그랬냐는 듯 태풍은 물러가고 평화롭고 파란 하늘에 따스한 햇살이 가득했다. 그러나 그 높고 높은 하늘 아래 아주 낮은 곳 한쪽에는 태풍을 견디지 못한 새끼 새가 위태로운 둥지 속에서 힘없이 고개를 푹, 떨어뜨린 채 두 눈을 겨우 깜박이고 있었다.

놀란 어미 새는 망가져 버린 둥지를 손볼 틈도 없이 허둥지둥 먹이를 물어왔다.

어미 새는 먹이를 새끼 새의 입 속에 넣어주고 넣어주었으나 태풍으로 쇠약해져 버린 새끼 새는 제대로 삼키질 못했다. 어미 새는 아랑곳 않고 더욱 먹이를 물어왔다. 어미 새에게는 결코 쉼도 포기도 없었다. 오늘이 어제 같았으며 내일이 오늘 같았기에 새끼 새에게는 생명의 젖줄이 단 한 순간도 끊이지 않았다.

여름이 가을로 바뀌자 새끼 새는 차츰차츰 회복되었다. 그리고 옥천초등학교 1학년인 주섭이네 집 뒤뜰에 있는 감나무의 감들이 빨갛게 익어가고 싸움대장인 동초등학교 3학년인 홍석이네 집 선산의 밤송이가 탐스럽게 입을 벌리기 시작할 때쯤에는 날갯짓까지 하게 되었다. 어미 새와 새끼 새의 얼굴에는 함박웃음이 샘솟았다.

어느 날 둥지와 새끼 새가 없어지고 말았다. 모진 풍파가 왜 그다지도 많은지 이번에는 갑자기 휘몰아친 돌풍이 둥지와 새끼 새를 송두리째 날려버렸다. 그렇게 돌풍에 휩쓸려 멀리멀리 날리던 새끼 새는 진흙땅에 처박히고 말았다.

새끼 새를 잃은 어미 새는 먹이도 먹지 않고 잠도 자지 않고 밤낮으로 새끼 새를 찾아 헤맸다. 간헐적으로 소리 높여 울기만 하면서 ……. 얼마나 그랬을까. 가을이 다 가고 찬바람이 불어오던 어느 달 밝은 밤, 어미 새는 이름 모를 숲속 달빛 아래에서 힘겹게 걷고 있는 새끼 새를 마침내 찾아냈다.

새끼 새를 찾았으나 어미 새는 새끼 새에게 다가갈 수가 없었다. 너무나 반가워 와락 안아주고 싶었으나, 흙투성이가 된 채 비틀비틀 걷고 있는 새끼 새가 안쓰러워 오래오래 꼬옥 품어주고 싶었으나 이미 기력을 모두 소진해버린 어미 새는 자신에게 닥쳐올 죽음을 직감, 차마 새끼 새에게 엄마의 죽음을 보여줄 수가 없었다. 영원히 엄마를 잃어버렸다는 슬픔을 새끼 새에게 안겨줄 수가 없었다.

거스를 수 없는 자연의 힘 앞에서 어미 새는 눈물로 새끼 새 주위를 두세 번 가까스로 선회하고는 무심하게 둥근 달을 가르며 별빛 창연한 밤하늘 꼭대기로 날아올랐다. 그리고 어미 새의 영혼은 새끼 새의 등 뒤로 살며시 내려와 새끼 새를 살포시 품에 안고서 고요하게 잠이 들었다.

새끼 새 한 마리가 있었다. 새끼를 처음 낳아본 초짜 어미 새의 다소 극성스런 애정을 듬뿍 받으며 무럭무럭 자라나던 새끼 새, 매일매일 즐거웠고 높은 둥지 위에서 내려다 본 세상은 호기심 꺼리로 가득했다. 어서어서 자라서 어미 새가 이야기해준 박쥐 동굴과 개구리, 사마귀, 방아깨비, 뱀이 많이 살고 있다는 바람초원을 날고 싶었다. 무시무시한 귀신이 산다는 서낭당 당산나무에도 가보고 싶었다.

세상은 호기심 꺼리만 있는 게 아니었다. 아주 무서운 것도 있었다. 어느 날, 세상이 잠잘 때처럼 캄캄해지고 머리 위에서 물방울이 세차게 떨어지기 시작하더니 온몸을 아프게 하고 오들오들 떨게 만들었다. 그것은 밥도 못 먹게 만들었다.

그 후, 새끼 새는 그것이 태풍이란 것을 알았다. 이 세상에는 위험한 것이 많다는 것도 알았다. 그 위험으로부터 벗어나려면 어미 새처럼 날 수 있어야 한다는 것도 알았다. 날 수만 있다면 아무리 무서운 태풍이 와도 금산에 있다는 동굴로 날아가 비바람을 피할 수 있으니까.

새끼 새는 서툰 날갯짓이지만 열심히 나는 연습을 했다. 그렇게 한 달이 지나자 새끼 새는 둥지에서 두 발이 두둥실 뜰 정도로 날 수 있게 되었다. 어미 새는 박수를 치며 좋아했다.

그날도 새끼 새는 좁은 둥지 안에서 뒤뚱뒤뚱 날갯짓을 하고 있었다. 어미 새는 먹이를 구하러 나가고 없었다. 해님이 서산 너머에 반쯤 걸렸을 때 한줄기 바람이 휭~ 불어오더니 갑자기 돌풍이 불어왔다. 돌풍은 어찌나 세던지 추수를 앞두고 있는 퇴촌 마을의 벼들을 모두 쓰러뜨리고는 뒤이어 새끼 새가 있는 둥지까지 어디론가 날려버렸다.

돌풍에 휘말려 진흙땅에 떨어진 새끼 새는 왼쪽 날개가 부러지고 말았다. 무척 아프고 두려웠다. 큰소리로 어미 새를 부르며 울었지만 어미 새는 오지 않았다. 배도 고프고 어미 새가 보고 싶은데 몇 밤이 지나도 어미 새가 보이지 않으니 새끼 새는 눈물을 그칠 수가 없었다.

얼마나 지났을까. 새끼 새는 더 이상 울지 않았다. 아무 말 없이 하염없이 걷기만 했다. 외롭게 떠도는 새끼 새가 가여워 산들바람이 다정하게 말을 걸어 보았지만 새끼 새는 고개를 숙인 채 걷고 또 걸을 뿐이었다.

보름달이 뜬 밤이었다. 간혹 부엉이가 울었지만 숲 속은 고요했다. 그 어딘가에서 새끼 새가 비틀비틀 걷고 있었다. 먹이를 제대로 먹지 못한 새끼 새는 무척 야위어 있었다. 새끼 새가 눈을 동그랗게 뜨며 걸음을 멈추었다. 새끼 새는 알 수 있었다.

'엄마다!'

새끼 새는 재빨리 뒤돌아보았다. 그러나 엄마의 모습은 보이지 않았다. 엄마의 기척이 느껴지는데, 엄마의 온기도 느껴지는데 아무리 둘러봐도 엄마는 보이지 않았다. 엄마 기척에 새끼 새는 그동안 참았던 눈물이 금방이라도 터질 것만 같았다. 그래도 울음을 꾹 참으며 밤하늘을 올려다보았다.

"아……."

새끼 새는 탄성을 질렀다.
왜 그랬을까?

가만가만 살펴보니 초롱초롱한 별들이 새끼 새의 그렁그렁한 두 눈에 가득 고여 있었다. 마치 "우리가 있잖아." 하는 것 같았다. 그리고 그토록 보고픈 어미 새도 반짝이는 별이 되어 환하게 웃고 있었다.

새끼 새는 비로소 깨달았다. 엄마가 없어도 스스로 날아야 한다는 걸, 새끼 새는 밤하늘을 향해 내달리며 날개를 폈다. 부러진 날개가 제대로 아물지 않아 매우 아팠지만 이를 악물며 있는 힘껏 날개를 펼쳤다. 순간 새끼 새의 솜털이 머리에서부터 스르르 벗겨지더니 은빛 찬란한 깃털들이 나타났다. 그리고 새끼 새는 보이지 않았다. 새끼 새는 은하수를 가르며 힘차게 날고 있었다.

## 짐승의 눈물

1970년대 중반 가을걷이가 끝난 직후 서커스단이 요란한 풍악을 울리며 들어왔다. 서커스의 열기는 삽시간에 온 동네를 휩쓸었다. 신명난 아이들은 서커스 홍보차량을 졸졸 따라다녔다. 그 무리에 끼지 못하고 사람들과 부딪치지 않는 처마나 전봇대 옆에서 우두커니 바라만 볼 수밖에 없었던 소년도 엄마를 따라 서커스 개봉 첫날 구경을 갔다.

이미 서커스장 주변은 한껏 멋을 부린 사람들로 북새통이었다. 소년은 그런 설렘과 시끌시끌한 분위기가 맘에 들었다. 서커스라는 공통 관심사로 잔치하는 기분이었다고나 할까. 한 가지 짠했던 건 굉장히 청승맞게 생긴 원숭이가 입구에서 호객행위를 하고 있었다는 것, 꼭 그래야만 손님을 끄는 것인지 소년은 원숭이가 너무나 불쌍했다.

서커스는 개막시간이 한참이나 지나도 막이 오를 생각을 하지 않았다. 손님을 한 사람이라도 더 받으려는 서커스단의 얄팍한 상술이라 연로한 어르신들은 연신 헛기침을 해댔다. 그러거나 말거나 대부분의 사람들은 오랜만의 외출로 물 만난 고기처럼 왁자지껄 떠들어댔다.

어디선가 심한 욕설이 실린 고함소리가 들려왔다. 가서 보니 돈 떼먹고 도망간 사람이 구경 왔다가 빚쟁이한테 붙들려 주먹다짐이 벌어지고 있었다. 구경하던 사람들이 말린다고 말렸지만 감 놔라 배 놔라 한마디씩 해대니 오히려 더 큰 싸움으로 번졌다. 자칫하다가는 서커스를 하지 못하게 될 판국이었다. 그러자 그토록 뜸들이던 서커스의 막이 허겁지겁 올라갔다. 서커스 개막을 알리는 사회자의 걸쭉한 입담을 시작으로 쌈 구경하던 사람들은 슬금슬금 제자리로 돌아갔고 사생결단을 낸다던 싸움도 흐지부지 끝나고 말았다.

한복을 곱게 차려입은 여인이 큰절을 올리며 장구춤으로 첫무대를 열었다. 서서히 흥을 돋우며 장구를 치던 여인은 절정에 이르자 질끈 동여맨 치맛자락을 휙휙! 휘감으며 빙빙 돌았다. 화려 했다. 양손에 쥔 장구채가 보이지 않는 빠른 손놀림과 격동적인 춤사위가 신들린 무녀를 생각나게 했다. 어느 순간 아무 소리도 들리지 않았다. 절묘한 곡선을 그리며 하늘거리는 현란한 몸짓만 스냅사진처럼 찰칵찰칵 지나갔다. 그렇게 바람 따라 떠도는 한 영혼이 아련한 향수 같은 비애를 펄럭이며 벽촌에 내려와 춤을 추었고 난장판을 방불케 하던 장내는 쥐죽은 듯 조용해졌다. 뒤이어 공굴리기, 외발 자전거타기가 이어졌고 열한 살쯤 돼 보이는 소녀가 위아래 착 달라붙은 회색 타이츠를 입고 등장했다. 화장기 진한 얼굴에는 어린광대로서의 애잔함이 잔뜩 서려 있었고 장구를 치던 여인과 닮아 보였다. 소녀는 앙증맞게 인사를 하고 가로로 놓인 직사각형 탁자 위로 올라갔다. 탁자 위에는 사발이 수북이 놓여 있었다. 소녀는 물구나무를 선 다음 두 다리를 허리 뒤로 180도 젖히더니 탁자위에 놓인 사발을 발로 옮기거나 차곡차곡 쌓는 기예를 선보였다. 머리를 뒤로 젖혀서 가랑

이 사이로 고개를 내밀고는 양손으로 턱을 괸 채 방긋방긋 웃어 보이기도 했다.

그날 밤, 소년의 꿈에 소녀가 나타났다. 소녀는 소풍가는 사람처럼 챙 넓은 모자에 작고 귀여운 멜빵 무늬가 촘촘하게 박힌 새파란 원피스를 입고 환하게 웃고 있었다. 소년은 천천히 다가가 살며시 소녀의 손을 잡고 다정하게 들판을 거닐었다. 구름 위에 떠 있는 듯 들판은 형형색색의 들꽃들로 물결치고 있었다.

"어, 토끼다!"

여기저기에서 클로버를 오물오물 씹고 있는 토끼가 짠하고 나타났다. 소년은 살금살금 다가가 한 녀석의 귀를 능숙하게 낚아챘다. 귀가 잡혀 바동바동 거리는 토끼가 우스꽝스러웠다. 장난기가 동한 소년은 소녀에게 토끼를 불쑥 내밀었다. 소녀는 별로 놀라는 기색 없이 살짝 웃을 뿐이었다. 어색해진 소년은 갖가지 들꽃으로 왕관을 만들어 소녀에게 씌워주었다. 꽃으로 치장된 소녀는 동화 속 공주님이었다. 괜스레 들떠진 소년은 색종이 바람개비를 들고 유리알처럼 맑은 냇물이 시원스럽게 흐르고 있는 시냇가를 폴짝폴짝 뛰어다녔다. 냇물에 들어가 텀벙 대기도 하고 소녀를 업고 징검다리를 건너기도 하고 푸른 잔디밭에 나란히 누워 솜털구름이 뭉실뭉실 피어나는 하늘을 바라보기도 했다.

하얀 구름위로 솟아나는 소녀와 소년의 얼굴은 평화로웠다. 그늘이라곤 조금도 찾아볼 수 없었다.

문득 소년은 이상하다는 생각이 들었다. 그때였다. 소년이 풀밭에 힘없이 쓰러졌다. 소녀가 볼까 봐 얼른 일어서려고 했으나 몸이 말을 듣지 않았다. 아무리 애를 써도 일어서다가 쓰러지고 일어서다가 쓰러졌다. 그리고 소녀가 부축해 주려고 손을 내밀었을 때 소년은 비로소 깨달았다. 자기는 다리를 심하게 절고 놀림을 당하는 절름발이라는 사실을…….

소년의 얼굴은 흙빛으로 굳어지고 연민에 찬 소녀의 시선은 무언의 호소를 하고 세상엔 알 수 없는 찬바람이 휘몰아치고 소년은 잠에서 깨어났다.

"엄마, 나 또 서커스 보러 갈래요."
"한 번 봤으면 됐지. 또 보려고?"

소년은 조르고 졸라서 서커스를 보러갔다. 그 소녀를 보러갔다.

"엄마, 나 서커스 또 보고 싶어요."
"아니, 애가, 두 번이나 봤잖아?"
"……."
"안 돼! 안 돼! 절대로 안 돼!"
"나 밥 안 먹어!"
"알아서 해라. 굶으면 너 배고프지 엄마 배고프냐."

"이 씨~"

"이 씨~? 엄마한데 이 씨?"

"그니까 돈 줘!"

"없어! 그렇게 서커스가 보고 싶으면 엄마를 팔아라! 팔아!"

"엄마, 진짜로 따악~ 한 번만 더, 응~ 엄마~"

엄마는 맘에 걸렸는지 며칠 못가서 마지막이라는 전제하에 청을 들어주셨다.

다른 무대는 따분했다. 소녀의 곡예는 보고 또 봐도 질리지 않았다. 소녀의 모습 하나하나가 눈에 밟혀 서커스장을 나오는 발걸음이 도통 떨어지질 않았다.

소년은 서커스장 주변을 배회했다. 하루는 애들이 뚫어놓은 개구멍으로 들어가려다가 느린 몸놀림 때문에 붙잡히고 말았다. 된통 혼이 났지만 학교를 결석하면서까지 소녀를 그리는 소년은 풋사랑이란 열병을 앓고 있었다.

소년의 간절함이 하늘에 닿았는지 비 온 아침 나뭇잎 새로 쏟아지는 화사한 가을햇살 속을 산책 중인 소녀와 눈이 마주쳤다. 소녀는 소년을 빤히 쳐다봤다. 소년은 얼떨결에 고개를 숙였다. 몸이 배배 꼬이고 움츠러들었지만 물끄러미 올려다보았다.

"……안녕!"

기어들어가는 목소리로 어색한 인사를 건넸다. 소녀는 입가의 웃음으로 답했다. 인사는 나누었지만 다음 말을 잇지 못하고 서로 눈치만 살폈다.

화장을 지운 소녀의 얼굴은 한층 성숙했다. 오랜 기예로 다져진 탄탄한 몸매는 어디 한군데 나무랄 데가 없었다. 다리까지 저는 어수룩한 촌놈인 소년과는 사뭇 대조적이라 소년은 눈물이 솟구쳤다. 얼른 고개를 숙였지만 소녀의 눈길이 소년의 몸을 하나하나 만져보듯 훑고 지나갔기에 금세 눈물이 복받쳤다.

당황해하는 소녀를 뒤로한 채 소년은 달렸다. 소녀가 절뚝거리는 소년의 다리를 보지 못하도록 멀리멀리 달아났다.

소년은 그날 밤 내내 뒤척이다 새벽녘에야 겨우 잠이 들었다.

"난 울보가 아니다."
"……."
"진짜야!"

소년은 목소리를 높였으나 소녀는 바라만 볼 뿐이었다.

"울보가 아니라니까!"
"그래."

소녀의 상냥한 한마디에 눈물이 핑그르르 맺힌 소년은 고개를 푹 떨어뜨렸다. 눈물방울이 툭! 소년의 신발코로 떨어졌다. 소년의 앞에 있었지만 소년과 동떨어진 시공 속 소녀의 새카만 눈동자에도 눈물이 그렁그렁 맺혀 있었다.

꿈속에서 깨어난 소년은 바깥출입을 삼갔다. 집에만 틀어박혀 있다가 서커스단이 떠난 후, 서커스장이 세워졌던 공터를 하염없이 서성이다 돌아오곤 하였다.

# 번뇌·1

부모 자식의 연은 어떻게 이루어질까?
종족번식을 위한 단순한 생산 활동이든, 사랑의 산물이든, 우발적 욕구의 결과이든 이 세상에 나란 존재를 있게 해주신 부모님은 그 모든 행위를 떠나 왜 나를 낳으셔야했고 나는 왜 우리 부모님에게 태어나야했을까?
저기 저 분들은 나를 낳으면 안 되는 운명일까?
왜 이리 힘들고 박복한 분들에게서 하필이면 불치병자인 내가 자식으로 나와야했을까?
하고 많은 사람과 사람 중에 나는 왜 저 사람이 아닌 이 사람으로 태어났을까?
저 사람인데 이 사람으로 인식하고 있는 걸까?
절대 수용할 수 없는 나의 몸은 그저 숱한 유전자의 결합물인가?
보잘 것 없는 무생물도 지금 여기 있기까지 천지창조가 필요했고 무구한 세월이 필요했으니
부자의 연도 하늘이 점 지어 주는 게 맞는 걸까?

아버지가 돌아가셨다. 2009년 7월 27일 월요일. 아니다. 그 날은 아버지 시신이 발견된 날이다. 난 그때 대학병원에 입원 중이었다. 그리고 병원에 입원하기 전 아버지와 고함까지 오가며 다퉜다.

1938년생이신 아버지는 한 평생 가난과 싸우셨다. 소작농, 막노동, 연탄배달부, 청소부. 이게 아버지의 이력이다. 연탄배달부, 청소부 생활만 30년이 넘는다. 2004년 간경화로 쓰러지기 전까지 노동이 전부인 아버지의 생, 그 후 요양병원을 전전했다.

아버지는 구질구질했다. 평생 가난에 시달리다보니 아무리 아파도 약 한 첩 손수 사드시지 못하셨다. 옷도 누가 버린 헌옷을 주워와 사시사철 주구장창 입으셨다. 난 그런 아버지가 싫었다. 가난한 환경 탓이려니 해도 나 또한 매일 그런 환경에 거부감이 일다보니 수시로 아버지와 충돌했다. 일례로 오랜 병고로 밤잠을 못 이루고 낮에 자고 밤엔 불을 켜고 날을 새니 아버진 전기세 많이 든다고 나무라셨다. 아픈 자식의 바뀐 생활리듬을 이해하시면서도 아버지 본인도 모르게 "불 꺼라. 일찍 자라. 보일러 1단으로 줄여라." 등등 매사에 뭐라 뭐라 하시니 이런 게 모든 생활에서 누적되다보면 서로 폭발하게 된다. 나는 나대로 아버지가 어떤 분인지 알면서도

"아부지, 제발 그 헌옷 좀 그만 입으세요. 누가 버린 옷 지겹지도 않으세요. 엄마가 사온 새 옷 입으세요. 옷장에 한 번도 안 입은 옷들이 수두룩하잖아요."

"그러게 입지도 않을 옷을 니 엄마는 뭐 하러 저렇게 사다놓고 쟁여 논다냐!"

"아부지가 헌옷만 입으시니까 사 오신 거잖아요."

"돈 썼다! 돈 썼어!"

"아부지! 다 아부지 위한 거잖아요."

"누가 옷 사 달래디."

"아부지!"

이런 식이다. 그리고 감정이 격해지다보면 부자지간에 결코 해서는 안 될 말들도 튀어나오곤 한다. 매번 안 그래야지 하면서도.
"조놈 자식 부모에게 말 하는 것 보소. 잘 났든 못 났든 너 낳아준 부몬디 입바른 소리면 악 쓰고 쏘아붙여도 되냐? 이놈아! 니가 이날 이때까지 숨 붙어 있는 게 누구 덕이냐! 하루 이틀도 아니고 몇 십 년을 부모라도 지겹다! 지겨워!"
"뭣 하러 나를 낳으셨어요? 나도 지긋지긋해요. 평생 아프기만 하고 누워서 똥 싸고 오줌 싸고 사람답게 살아보지도 못하고 나를 안 낳으면 아버지나 나나 좋잖아요."
"누가 생기라디?"
"으아악! 악! 악!"
게임 끝!

한 동안 서먹서먹하다 부모 자식이 뭔지 또 참견하고 다투고 그렇게 울고 웃고.

2009년 7월 24일 밤.
"아부지! 밥 좀 드셨어요?"
"오냐오냐!"
"드셨어요? 안 드셨어요? 또 술만 드신 거 아니에요?"
"묵었다. 묵었어. 아가! 내 걱정 말고 너나 치료 잘 받아라. 아빠는 잘 있다."
"아부지! 또 술 마셨죠?"
"아니다. 아니다."

"아니긴 뭐가 아녀요. 목소리가 술 취했는데……. 그러다 쓰러지시면 어쩌시려고 그래요. 엄마랑 나랑 병원에 있고 아부지 혼자 집에 있는데 조심하셔야죠."

"오냐오냐. 아가, 나는 되았다. 되았어. 나는 됐은 게 아가! 아가! 너나 신경 써라. 나는 괜찮다. 어서 치료 받고 퇴원해서 보자."

사십이 넘은 아들과 칠십이 넘은 아버지와의 마지막 대화였다. 그 후 토요일, 일요일 전화를 받지 않으셨다. 불길한 마음에 수십 번 재다이얼을 눌러보았지만 신호만 갈 뿐이었다. 그리고 7월 27일 월요일 지인과 경찰에 의해 아버지 시신이 주방에서 발견되었다. 알코올로 인해 목 핏대가 터져 많은 피를 토하시고 쓸쓸히 홀로 그렇게 가셨다.

언젠가부터 한 살 한 살 나이를 먹을수록 부모와의 영원한 이별이 떠올려졌다. 특히 주변 어른들이, 아버지 친구 분들이 하나둘 돌아가실 때면 나와 우리 아버지와의 사별이 걱정되었다. 생로병사가 만물의 이치이나 그러려니 할 수 없었다. 부모 가슴에 대못만 박은 자식으로서 화가 치민다. 입원하기 전엔 막말까지 오가며 싸웠고 전화상으로는 그날따라 유약하고 애틋하게 아가! 아가! 챙겨주시더니…….

어차피 누구나 사별은 하기 마련이고 임종을 본다고 특별하거나 덜 슬픈 것도 아니지만 그래도 사별을 앞두고 나와 우리 아버지 사이에 오간 그것은 멍에가 아닐 수 없었다. 그때를 회상하노라니 지금 이 순간도 설움이 복받친다.

'그렇게 술 드시지 마시라고 했는데…….'

5년이 흘렀지만 부질없는 미련도 자꾸만 고갤 내민다.

아버지가 이 세상에 남긴 건 무엇일까?
아버지는 왜 그토록 모진 생을 살아야했을까?
나는 아버지에게 무엇이었을까?
무구한 흐름 속에, 가늠할 수 없는 우주 속에 모든 건 그저 왔다가 그저 가는 것일까?

집에 돌아와 보니 내 방이 가지런히 정리돼 있었다. 응급상황이 발생해서 부랴부랴 입원하느라 방 안이 엉망이었는데 내가 낙서하고 찢어버린 종잇조각 하나도 내 물건이라고 버리지 않으시고 자로 잰 듯 가지런히 키보드와 열을 맞춰 볼펜으로 눌러놓으셨다. 병든 자식도 자식이라고 얼마나 들어와 보고 흔적을 어루만지셨으면 담요도 책도 컴퓨터도 먼지 하나 없이 말끔해져 있었다. 착잡했다. 풀 수 없는 응어리를 그렇게 내 가슴에 남겨놓고 아버지가 가셨다.

아버지를 다시 볼 수 있을까?
다시 만날 수 있을까?

아부지랑 술 한 잔 하고 싶다.

당뇨 | 용기 | 여유 | 다이어트 | 관조·1 | 어머니 전상서 | 덫
금단의 땅에서 | 사모곡 | 눈 한 번 질끈 감고 | 씻김굿 | 번뇌·2
어느 시퍼런 밤의 눈물 | 염원 | 빛 | 자아검열 | 자조 | 나그네 | 사람

# 당뇨

우리 피부는 매우 민감하다. 머리카락 한 올에도 반응한다. 그리고 땀만 좀 흘려도 불쾌감으로 씻고 싶어진다. 그렇다면 피부에 이물질이 묻는다면 무엇이 가장 불쾌하고 해로울까?

흙, 모래, 기름, 톱밥, 물, 먼지, 액체, 고체, 기체……. 당연 흙이나 모래 톱밥 같은 밀착력이 떨어지는 것들보다 실리콘이나 기름, 접착제 같은 끈적끈적한 것들일 것이다.

당뇨의 당(糖)에 해당하는 사탕을 실험삼아 피부에 올려놔보자. 올려놓자마자 끈적끈적함에 즉시 치우고 싶을 것이다. 치우는 것으로도 모자라 청결하게 씻고 싶은데 10분, 20분, 한 시간, 두 시간, 하루, 이틀, 일 년, 십 년…… 그렇게 장시간 올려져 있으면 결국 사탕은 다 녹아서 엉겨 붙을 것이다. 단순히 엉겨 붙은 것만이 아니라 엉겨 붙은 곳이 헐어 피부괴사, 조직괴사가 일어난다.

피부는 우리 몸의 1차 방어선이라 할 수 있다. 혹한이나 폭염에 피부가 제 기능을 못한다면 어떻게 될까?

난 피부의 석회화로 피부기능을 대부분 상실했다. 더우면 피부가 이완돼 땀을 배출하면서 정상체온을 유지시켜줘야 하는데 땀을 제대로 배출 못하니 여름이면 난로가 돼버린다. 반대로 겨울이면 체온이 손실되지 않도록 수축해야 하는데 딱딱하게 굳어 고드름처럼 돼버린다.

우리 몸은 어디 한 군데 중요하지 않은 데가 없다. 굳은살이 박이면 대수롭지 않게 도려내기도 하는 피부도 이처럼 중요하고 민감해서 잔털만 박혀도 아픔을 동반한 이상신호를 보내며 조속히 정상으로 복원시키라고 몸의 주인에게 명령한다. 그럼에도 병적으로 사탕을 치우지 못하게 되면 그 자리가 헐면서 감염이 발생된다. 조직괴사에 이은 감염으로 신체리듬(혈압, 맥박, 체온)이 깨졌는데도 사탕을 치우는 조치를 취하지 못하면 뼈까지도 헐어서 썩게 되고 그 부위 뼈를 절단해야 하는 지경까지 이르게 된다. 종내는 사망.

몇 백 년 된 나무는 몸통 둘레가 어마어마하다. 그 큰 나무를 지탱해 주는 건 뿌리이다. 제 아무리 거대한 나무도 뿌리가 부실하면 쓰러진다. 뿌리는 큰 뿌리와 작은 뿌리로 나뉜다. 큰 뿌리가 몸통을 지탱하는 중추적 역할을 할 수 있도록 도와주는 건 작은 뿌리들이다. 큰 뿌리를 둘러싼 수많은 작은 뿌리들이 없다면 쉬 넘어지고 만다. 우리 몸도 마찬가지다. 전신에 퍼져 있는 미세혈관들이 잔뿌리인 셈이다. 이 미세혈관들은 미세한 만큼 공격에 취약하다. 만약 잇몸의 미세혈관들이 당으로 헐게 되면 그만큼 치조골도 영향을 받아 약해진다. 심한 경우 어금니도 흔들리게 된다. 중증 당뇨환자들이 치아를 상실하게 되는 이유가 바로 그 때문이다. 눈이나 피를 걸러 노폐물을 배출시키는 신장도 모두 미세혈관 집합체이다. 그런데 그곳이 헐게 되면 실명이나 신부전이 발생할 수 있다. 그리고 피부는 단지 우리 몸의 외피만 해당되는 게 아니다. 넓은 의미에서 피부란 우리 몸 세포를 둘러싼 모든 외부조직을 뜻한다. 혈관도 그 혈관을 에워싸고 있는 조직이 피부다. 즉 당뇨의 당이, 사탕이 올려져 있는 피부 부위가 우리 몸 속 전신인 것이다. 사탕의 이동차는 전신의 혈류고.

당뇨는 완치가 안 되는 질환이다. 유전이든 사고든 일단 발병하면 평생, 죽을 때까지 십자가를 져야 한다. 하루 이틀도 아니고 일, 이십 년도 아니고 평생 관리와 치료를 해야 한다.

무섭지 아니한가? 무섭다.

아무리 의지가 강한 사람이라 할지라도 무언가를 꾸준히 하기란 어렵다. 공부든 운동이든 몇 십 년을 꾸준히 한다는 건 불가능에 가깝다. 그렇다고 잠시 잠깐 한눈팔아서도 안 된다. 당뇨란 그렇다. 관리를 하루라도 소홀히 해선 안 된다. 소홀한 만큼 몸은 파괴된다. 흔히 당뇨자체로는 안 무섭고 합병증이 무섭다고 한다. 맞는 말이다. 합병증만 발생하지 않게 관리하면 막말로 백년도 무탈할 것이다. 문제는 당뇨로 여러 질환들의 발병률이 높고 발병하니까 결국 당뇨가 무서운 것이다.

우리가 섭취하는 거의 모든 음식물에는 많거나 적거나 당이 들어 있다. 당이 0%인 맹물 같은 식품도 있지만 그런 것만 먹고 살 순 없다. 하루를 살더라도 우리 몸을 유지하기 위해선 우리 몸의 3대 영양소인 단백질, 탄수화물, 지방이 필수이다. 그리고 에너지원은 포도당이다. 참고로 우리 몸에서 당과 관련 업무는 췌장에서 이뤄진다. 췌장에서 당을 조절하는 호르몬인 인슐린을 분비, 혈액 내 포도당을 신체 각 장기 적재적소에 공급하며 적당한 혈당수치를 유지하도록 해준다. 당뇨는 이 기능이 망가진 걸 뜻한다. 아예 췌장이 인슐린을 생산 못하거나 생산하더라도 정상조절을 못한다.

급성으로 오는 질환이 드물 듯 보통 아무리 단 걸 많이 먹고 폭식, 폭음을 해도 우리 몸은 금방 당뇨에 걸리지 않는다. 평생 흡연 음주를 해도 폐암이 안 걸리는 운 좋은 사람도 있는 것처럼 말이다. 그러나 그런 경우는 드물다. 건강을 해치는 행동을 몇 십 년 계속하게 되면 필연적으로 대가가 따른다. 당뇨가 아니더라도 건강한 삶을 위해선 매사 주의와 적정선을 준수해야 한다.

혈액 내 정상 혈당수치는 공복시(아침 식전) 70~110㎎/㎗이고 식사 2시간 후는 70~140㎎/㎗이다. 식사든 간식이든 빵이든 밥이든, 많이 먹든 적게 먹든 건강하면 저수치가 유지된다. 그리고 엉겨붙어 문제를 일으키는 건 고혈당으로 정상치를 벗어난 당들이다. 자동차는 석유로 굴러가지 않는다. 휘발유로 굴러간다. 더 정확하게 말하자면 휘발유의 연소로 엔진이 움직인다. 따라서 석유를 휘발유로 가공하듯 인체도 우리 몸을 구동시키기 위해 섭취한 당을 포도당으로 바꾸고 포도당을 연소시키면서 인체가 살아 움직이게 된다. 숨 쉬게 된다. 단적으로 뇌가 생각하는데도 포도당 없인 불가능하고 혈당수치가 45이하면 뇌세포가 죽는다. 그 수치가 되면 당연히 심장박동에도 문제가 생기고 몸을 유지하기위한 최소한의 에너지원 부족으로 쇼크사나 심장발작 호흡곤란 혼수상태에 빠지게 된다. 난 2005년도에 32까지 내려간 적이 있다. 그 후 살긴 살았지만 기억력이 상당히 흐려지고 두뇌회전이 저하됐다.

저혈당은 고혈당보다 위험하다. 고혈당도 위험하지만 매우 높은 수치가 아닌 이상 급사는 피할 수 있다. 저혈당은 그렇지 않다. 저혈당은 순간적으로 의식을 잃게 하며 생사의 갈림길에 서게 만든다. 때문에 당뇨환자들은 24시간 내내 즉시 섭취 가능한 속효성 당분을 지녀야 한다.

건강하면 며칠 굶어도 건강한 인체가 혈당이 위험 수순으로 떨어지지 않게 조절한다. 격하게 운동해도 저혈당에 빠트리지 않고 많이 먹어도 고혈당에 빠지지 않게 한다. 몸 상태, 운동 상태 음식물 섭취 상태에 따라 기막힌 인체 메커니즘이 작동하는 것이다.

당뇨에 걸리면 바로 이 조절기능이 고장이 나 음식물 섭취 여부나 몸 상태 운동 상태에 따라 고혈당, 저혈당을 오간다. 때문에 당뇨환자의 절대규칙이 규칙적인 생활습관과 식습관이다. 부모가 돌아가셨어도 어기면 안 된다. 이 대목에서 '관리'라는 단어가 나온다. 즉 당뇨는 평생, 눈 감을 때까지 관리를 해야 한다. 본인의 혈당에 맞게 식이요법과 운동, 약물요법, 주사요법을 병행해야만 한다.

문제는 꾸준하기가 형벌에 가깝다는 것이다. 본인의 혈당수치에 맞게 봄, 여름, 가을, 겨울 사시사철 한결 같아야 하는데 말이 쉽지 맹물만 과하게 마셔도 안 된다. 물을 많이 마시면 혈액 내 포도당이 소변으로 배출 저혈당을 초래할 수 있기 때문이다. 더구나 당뇨는 스트레스나 운동량 몸 컨디션에 따라 혈당변화가 발생한다. 적당량만 섭취했는데도 고혈당이 발생되거나 소소한 자극에도 변화가 발생한다. 그럼에도 늘 본인 혈당을 체크하면서 주치의와 긴밀한 소통 아래 최대한 정상수치화 하는 노력과 관리를 단 하루도 거스르면 안 된다. 사람은 로봇이 아니지만 로봇이 돼야 한다. 계절이나 나이, 가족, 대인관계, 경제력, 환경의 변화에 따라 생체리듬이 변할 수밖에 없지만 독감이 걸리고 중병에 걸려도 당뇨는 관리해야 한다. 실명, 족부절단, 신부전은 얼마나 무서운가. 안 보이게 된다는 것, 사지 절단, 피를 스스로 걸러 오줌을 누지 못하고 기계로 매주 몇 번씩 피를 걸러 독소를 제거해야 한다면 얼마나 끔찍하고 고통스럽겠는가. 비단 당뇨뿐만 아니라 질병에는 왕이 없다. 질병을 치료하는 의사도 재벌도 대통령도 어마어마한 거부인 스티브잡스도 예외는 없다.

지금 뭐하자는 건가? 정보를 주자는 것인가? 겁을 주자는 것인가? 아니다. 절대 아니다. 난 당뇨 13년차다. 세계에 단 한명 뿐인 전신 석회화증에 협심증에 각종 합병증에 당뇨까지 걸렸다. 키 162에 체중 40kg 저체중으로 영양 섭취가 중요한데 과일 한 조각 음료 한 잔 맘대로 먹을 수 없다. 그럼에도 오늘을 버티고 있다. 으스대려는 게 아니다.

모든 문제는 직시해야 한다. 답이 없어도 직시하고 풀려는 노력을 해야 한다. 당뇨도 마찬가지다. 무서움을 알수록 경각심이 일깨워지고 각성하게 된다.

아무리 단단히 조여 매도 시간의 흐름은 모든 걸 느슨하게 만든다. 나도 그렇다. 하루 종일 와병중이니 혈당이 높아도 운동을 해서 떨어지게 할 수 없다. 잘 관리를 할 수 없다. 그만큼 고혈당이나 저혈당을 오가지만 편하게 마음먹기로 했다. 당뇨 합병증이란 게 사실 금방 발병하지 않는다. 고혈당이 몇 년씩 장기적으로 방치될 때 발생한다. 관리를 어느 정도만 잘하면 10년 20년 끄떡없다. 실제로 그런 분들이 부지기수다. 사극에 왕으로 많이 출연하신 1936년생 탤런트 김성원 씨는 당뇨 40년 인생인데도 합병증 없이 관리를 하고 계신다. 존경스럽지 않을 수 없다. 곧 죽는다 해도 작심삼일인 경우가 많은데 당뇨를 40여 년간이나 합병증 없이 관리하시다니 그 노력이 어떠했을지…….

나의 주인이 되느냐!
나의 노예가 되느냐!

당뇨인에게 흡연 음주는 절대 금물!

흔히 무가당은 괜찮다. 과일은 괜찮다. 낭설이 도는데 절대 그렇지 않다. 음료의 무가당은 말 그대로 당을 첨가하지 않았다는 것뿐이다. 기본 재료에는 당이 함유 되어 있다. 그리고 과일의 주성분은 당이다.

다음, 다식, 다뇨는 중증일 때 나타난다. 당뇨는 초기엔 자각증상이 별로 없다. 건강검진으로 발견하기도 하지만 대부분 몸이 어딘가 고장 나서 혈액검사를 했을 때 당뇨유무를 알게 된다. 나도 그랬다. 뭐든 아는 만큼 힘이 된다. 당뇨는 특히 그렇다. 본인의 의지와 노력 하에 따라 결과는 천국과 지옥이다.

삶은 누구나 본인의 몫이다.

# 용기

열한 살 때 앉지도 못하는 와병생활에 들어가자 찾아온 첫손님이 바로 외로움이었다. 초등학교를 졸업한 직후였기에 아픈 것보다 친구가 그리웠다. 어제까지만 해도 동년배 무리에 있었는데 하루아침에 친구들과 격리되다니……. 어린 마음에도 인력으로 어쩌지 못하는 운명의 거대한 두려움이 느껴졌다.

까까머리에 중학생 교복을 입은 친구들을 그리며 하루가 가고 이틀이 가고 1년이 가고 2년이 가고……. 정신적 고통과 병적인 통증 속에서 나는 무의 존재가 되어갔다. 누군가의 이름을 부르고 싶고 누군가 내 이름을 불러주면 좋으련만……. 10년이 가도 나는 돌이 되어갈 뿐 세상에서 추방돼 버렸다.

아이도 극심한 통증에 시달리다보면 죽음을 찾게 된다. 그건 순수함이다. 아프니까 죽음으로써 안 아프고 싶은 것뿐이다. 어른은 다르다. 안 아프고 싶은 거야 같지만 인생을 알고 행불행을 알고 오욕과 쾌락을 알기에 순수하지 못하다. 때문에 견딜만한 아픔에도 죽음을 선택한다. 바로 내가 그랬다.

어렸을 땐 외로움이 그냥 외로움이었다. 크니까 사랑이 외로움에

포개졌다. 그리고 외로움도 단계가 있었다. 처음엔 친구가 그리웠는데 나중엔 남녀노소를 막론하고 막연히 사람이 그리웠다. 따돌림을 당해도 좋으니 무리 속에 있고 싶었다. 모든 게 입장과 생각의 차이였다.

그렇게 내공이 길러졌건만 청춘의 나이가 되자 사랑 한번 못해보고 성관계 한번 못한다는 사실만으로도 죽고 싶었다. 진짜 돌이 되어가는 통증 속에 생사를 넘나들고 있는 내 정신력이었건만 그렇게 감성에 허물어지다니 자괴감이 들었다.

온갖 번뇌가 밀려왔다. 답은 없고 생각만 늘어갔다. 또다시 10년 20년……. 어느 순간 생각이 폭주하기 시작했다. 일반적 생각이란 일반적 생각이 유지될 수 있는 조건하에서 유지된다. 그 조건이 무너지면 정신에 문제가 생긴다. 즉 오래도록 갇혀 있거나 은둔 생활을 하게 되면 판단력, 분별력이 떨어지며 사고력이 무너진다. 말하는 것도 어눌하게 변한다.

그토록 모질게 사람이 그립고 사랑을 하고 싶고 사회구성원이 되고 싶었는데 어느 순간 사람이 두려워졌다. 사람과 대면할 수도 없는데 형언할 수 없는 공포가 밀려오면서 사람을 피하고 싶었다. 이 세상에서 도망치고 싶었다. 나에게조차 나를 숨기고 싶었다. 그게 심화되자 자해를 하고 싶었다. 눈알을 파버리고 싶었다. 담담하게 고백하지만 이 글을 쓰고 있는 지금도 떨린다. 이런 고백 자체를 하고 싶지 않았다. 죽기 살기로 봉인했는데 반추로 봉인이 해제될까봐 때려죽여도 하고 싶지 않았다.

난 공황장애의 공자도 모르는 사람이었다. 지금 알고 있는 것도 제대로 알고 있는 건지도 모르겠다. 다만 40년 외톨이 투병을 하다 보니 공황장애를 깨닫게 되었다.

지독한 가난으로 사선을 넘나들면서도 집에서 원시적 투병을 하다 보니 혼수상태도 일상이 되어서 죽기 아니면 까무러치기였다. 바로 그렇게 정신이 황폐해져서 발병된 공황장애, 대인기피증, 신경쇠약, 이미 오래전 전신석회화로 마네킹 상태라 생매장을 당하는 폐쇄공포증을 앓고 있었는데 그 지경까지 되자 발악을 하고 말았다.

"아부지! 저를 죽여주세요! 이렇게 살아서 뭐해요! 이렇게 산 세월이 몇 십 년이에요! 제발 이 자식 살리는 셈치고 죽여주세요! 아부지! 아부지! 제발, 제발요!"

1999년 늦가을 아버지를 붙들고 애걸복걸 했다.

"오야…… 오야…… 아가…… 아가…… 내 새끼…… 다 내 죄다. 다 이 애비 죄다. 아가…… 아가…… 울지 마라……."

칠순이신 아버지가 서른이 넘은 자식을 붙들고 그렇게 통곡을 하셨다. 그때 아버지는 청소부로서 고단한 하루를 마치고 막 집에 들어서던 참이었다. 평생 몸뚱이 하나를 밑천 삼아 막노동, 연탄배달부, 청소부로 삶을 꾸려 오신 초라한 아버지신데, 자식이라고 있는 게 듣도 보도 못한 기막힌 질환으로 눠서만 사는데, 똥오줌까지 받아내는데 어느 날 갑자기 늙은 부모를 붙들고 발작을 일으키고 말았다.

정말이지 그럴 수는 없었다. 도대체 내 고통의 끝은 어디인가……. 민생고를 해결하기 위해 스치듯 지나치는 부모님 외에 잠시 잠깐 대화 상대 하나 없이 24시간 내내 누워 있는 내가 자제력이 상실된 채 공황장애 속에서 눈알을 파버리고 싶은 극심한 충동을 오늘도 내일도 모레도 이겨내기란 저주였다.

봉인하고 싶다. 저주스런 체험은 공포와 고통이 점점 배가되는 기억으로 남아 시시때때로 스스로를 고문한다.

한때 시한부 환자를 동경했었다. 죽든 살든 시한이 있다는 것 축복이었다.

불면증 환자와 시한부 암 환자 중 누가 더 고통일까?

전자라고 말하고 싶다. 물론 죽는 질환과 죽지 않는 질환을 비교한다는 건 무리다. 다만 사람이 잠을 자야 사는데 날이면 날마다 자지 못하는 고통에 시달리다보면 피가 마른다. 약물에 의지해봤지만 안면근육이 마비될 정도의 신경쇠약으로 효과가 없었다. 몇 배 증량했더니 자긴 잤는데 잔 게 아니었다. 단지 눈을 감았다 떴을 뿐이었다. 시간이 열두 시에서 일곱 시가 되어 있을 뿐이었다. 방사능에 중독된 듯 멍하니 각성되고 각성되었다.

전적으로 체험에 의한 것이라 스스로에게조차 무덤 속까지 감추려 한 것인데 끄집어내고 있다. 끄집어내야만 하는 일이 생겼다.

2012년과 2013년 말 강연 요청이 들어왔다. 대상은 고등학생들. 살아보고자, 이렇게도 저렇게도 가는 인생, 세상에 응애! 라도 하고 싶어 그간 투병기를 내며 세상을 불렀지만 잠시나마 매스컴에 소개되고 관심 받는다는 게 여간 부담이 아닐 수 없었다. 사회성이 전무한 사람으로서 이실직고하자면 정말 그러고 싶지 않았다. 그렇잖아도 공황장애에 시달리는데 카메라 불빛이 번쩍이고 이 질문, 저 질문 사람들이 몰려들고 여기저기에서 전화 오는 게 어머니나 나나 곤욕이었다.

그럼에도 나온 이유는?

누누이 말하지만 한번 뿐인 인생, 피하면 아무 것도 안 된다. 일반적인 삶이라면 조용히 살 수 있다. 산사에서 세속에 휘둘리지 않고 지낼 수도 있겠지만 나로선 그게 최선이었다. 대인기피증이라고, 공황장애라고 누가 알아주지 않는다. 설령 알아준들 본인의 십자가는 본인의 것. 달라지는 건 없다. 비정하지만 산다는 건 바로 그런 것.

그렇게 또 그렇게 다져지고 다그쳤건만 정신질환이라는 게 한번 수렁에 빠진 이상 빠져나올 수가 없었다. 증상의 완화만 있었을 뿐,

모르겠다. 내가 만일 그 상태에서 악화되지 않고 결혼도 하고 근근

이나마 자립도 하고 부족하나마 이 사회의 구성원이 되었다면 극복했을지도 모른다. 그러나 내 삶은 죽을 때까지 온갖 투병 뿐, 세상에 응애! 했다고 해서 달라지진 않는다. 그런 상태 속에 날아든 강연요청. 겁이 나고 심난했다. 세상과 소통하고 싶고 교류하고 싶지만 사람이 두려우니⋯⋯더구나 갑자기 많은 학생들 앞에 선다는 건 상상조차 싫었다. '용기, 용기를⋯⋯.' 기도드렸다. 간청하고 간구했다.

그렇게 맞이한 와글와글 아이들이란 햇살, 좋으면서 슬펐다. 어느덧 내 나이 중년, 일반적이라면 초중고생 자녀를 둔 가장일 텐데 난 아직도 숫총각이다. 그런 내 눈에 너무나 귀엽고 파릇파릇한 학생들 속에 내 아이가 있다면 얼마나 좋을까⋯⋯싶었다. 자식 뒷바라지에 허리가 휘고 패륜범죄가 심심찮고 무자식이 상팔자라 해도 천사가 따로 없었다. 자식이 바로 천사였다.

대전은 몇 백 명이었는데 순창은 시골 고등학교라 그런지 모인 학생 수가 백오십 명이 좀 넘었다. 강단은 새로 리모델링해서 널찍하고 좋았다. 그 단상에 내가 의지한 채 섰고 초롱초롱한 눈망울이 나를 주시하고 있었다.

'무슨 말을 해야 하나?'
'뭘 말하든 무겁지 않고 눈높이에 맞추려면 어떻게 해야 하나?'
'아이들이 나를 어떻게 생각할까?'
'어물어물거리면 어떡하지?'
'1시간을 채울 수 있을까?'

'선생님들도 지켜볼 텐데 실수하면 어떡하지?'

무슨 말을 어떻게 했는지 모르겠다. 하고 싶은 말은 많았다. 학창시절의 소중함, 친구의 소중함, 건강의 소중함, 자아형성의 소중함, 동년배 무리와의 교류의 소중함 등등 두서없이 강연을 끝마쳤다. 아이들은 환호로 답해주었다. 고마웠다. 온갖 괴로움을 물리치고 그 자리에 서길 잘했다.

기억을 되감아보니 사실 주제가 일정하지 못했고 횡설수설 조리도 없었다. 무르고 다시 하고 싶을 정도로 아쉬웠다. 아이들도 그걸 모를 리 없었을 것이다. 다만 기막힌 운명의 소유자가 행여나 상처받을까 알고도 모르는 척 응원해준 거였다.

그 후 공허함이 말려왔다. 결국은 병석인 내 자리를 자각해야했으니까. 산다는 게 또 그렇더라.

또다시 골방, 혼자다. 아프다. 잠을 좀 자고 싶은데 아무리 피곤해도 잠은 멀리 있다. 다시 번뇌가 엄습한다.

한순간에 생이 바뀔 수는 없을까…….

어찌 되었든 하루를 보람되게 보냈다.
강연료를 어머니에게 드리니 좋아하신다.
행복하다.

마음먹은 대로 되지는 않겠지만 내일을 기약하며 잠을 청하자.

그뿐이다.

# 여유

잠자리에 누웠다. 한 5분이나 지났을까. 파리 한 마리가 얼굴주위를 맴돌며 이마에 착! 내려앉는다. 게걸스럽게 식사를 한다.

파리 : 음…… 짭쪼름한 게 맛있군. 맛을 보니 최소 일주일은 얼굴을 안 빨았군……. 딱 내 스타일이야……. 크크 좀 더럽군. 그 그래도 마 맛은…… 쥑인다.

나 : 으…… 간지러……. 근데 지금이 12월인데 아직도 파리가…… 산간지방에는 이미 첫눈도 왔다는데. 뉴스에 아파트는 따뜻해서 겨울철에도 파리 모기가 기승을 부린다고 하더니만…… 아니지, 우리 집은 외풍이 시베리아 벌판인 주택인데……까지 생각을 하다 후다닥! 서둘러 불을 켜고 구석에 쳐 박아둔 파리채를 척! 쳐들었다.

'아니 요것이 감히 겁 대가리 없이 어르신 마빡을 건드려. 가뜩이나 잠 못 자는데…… 너는 오늘 제삿날이여…… 흐흐…….'

파리채 든 손에 힘을 주며 방안을 두리번거렸다. 안 보인다. 두 눈을 크게 뜨고 찾아봐도 안 보인다.

'아니 요것이……?'

조금 더 방안을 둘러보다 다시 자리에 눈다. 왠지 바보 같다. 또다시 단잠을 기대한다. 1분도 못되어 윙- 윙-

착! 귀다.

파리 : 이번에는 귀를 함 시식해 볼까나. 딱 보니 일 년은 소제 안 했

구먼. 누리끼리한 게 콩고물이 솔찬히 먹음직스럽구먼. (두근두근) 쩝쩝…… 짭짭…… 캬~ 여억쉬…….

머리를 슬쩍 흔들어 쫓았다. 잠깐의 침묵이 흐르고 윙- 윙-

착! 코다.

파리 : 난 아메리칸 스타일인가벼, 뷔페식이 좋아. 젤리도 먹고 싶고…… 근데 왠지 어디선가 드럽다는 눈초리가 뒤통수를 후리네. 흠흠……. 쪼옥쪽…… 여억시…… 쭌득쭌득하구만…… 좀 싸갈까…….

크크.

나 : 흐미…… 이러니 영계는 괴로워……. 파리도 알아보잖아…… 히-

또다시 머리를 흔들어 쫓는다.

윙- 윙-

착! 또 코다.

으으으으…… 귀찮다, 귀찮아. 끓는다, 끓어……. 어떡하든 잡아야 한다. 손바닥에 불쾌지수 100000000%의 내공을 실어 냅다 코를 후려쳤다.

으윽!

아프다. 진짜 아프다. 파리는 못 잡았다. 젠장…… 짜증난다.

윙- 윙-

착! 턱이다.

'오냐…… 이번에는…….'

이번에도 실수하면 안 된다. 조심스레 손을 올리고……! 파리잡기 어언 40년의 필살기. 마하 3.98의 내려치기를 다시 시도했다.

'으아악!'

으…… 아…… 아프다. 매우 아프다. 심각하다. 짜증이나 힘을 너무

주었나보다. 얼마나 아픈지 샤샤샤! 마사지를 해도 얼얼하다. 금세 부어버렸다. 그래도 파리를 잡았으면 다행이련만…… 젠장 또 놓쳤다. 으…… 이 허탈감…….

윙- 윙-

'오냐. 오너라. 내 오늘 너를 기필코 보내주마. 빠릿빠릿 눈동자 살기 만땅.'

그러나 파리는 얼굴 주위만 맴돌 뿐 붙지를 않는다. 불을 켜고 잡을까하다 숨죽이며 기다린다. 나의 인내력은 프로 9단, 승리의 브이 흐흐.

착! 코끝이다.

'오-에-. 좋아, 좋아. 위치 좋아. 아-주 좋아. 기대하시라…… 개봉 바악두…… 웨헤헤…….'

속으로 심호흡을 하고 조심조심 양손바닥을 목표물을 향해 힘껏 마주쳤다.

'우욱!'

아프다. 코가 떨어져나간 것 같다.

'파리, 파리는……?'

아픔보다 급선무…… 일종의 프로정신, 손바닥을 비비며 살피는데 가슴을 후벼 파는 임팩트.

윙- 윙-

'이런…… 신이시여…… 어찌하여 저에게 이런 시련을 주시나이까?'

후다닥! 일어난 손에는 또다시 파리채. 두 눈은 이글이글…….

'어딨어? 워디여?'

없다. 방안을 샅샅이 살펴도 안 보인다. 잠시 망설이다 불을 끈다.

윙- 윙-

딸깍! 불을 켠다.

샥!

파리가 보이는가 싶더니 금방 숨어버렸다.

딸깍! 불을 끈다.

윙- 윙-

딸깍!

샥!

딸깍!

윙- 윙-

딸깍!

샥!

딸깍!

윙- 윙-

딸깍!

샥!

나 : 으…… 그래그래. 함 해보자 이거쥐. 그래 쭈오타!! 쭈아! 내 너를 오늘로 기필코 밥숟갈 놓게 해주마! 내가 너를 하늘나라로 주소이전 못시키면 내가 원빈이다. 히~.

성질 같아서는 독가스를 살포, 한방에 보내버리고 싶었지만 살충제 알레르기가 있어서 꾹 참고 방안을 살피며 기다린다. 알쥐? 내 인내력…… 기대햐. 승리 브이 흐흐.

윙- 윙-

'저기다.'

형광등으로 날아오르는 파리를 향해 파리채를 획! 날리려다 움찔, 멈춘다.

나의 뇌 : 데굴데굴…… 착착! 1-2=1+4=……? 이차함수……√?● ● 덜컥! 끼이익…… 연산 중…… 말 걸면 둑어…… 심각, 삼각함수…… 번쩍 ○◎!!! 딩동댕…… 입으로 출력!!!

나의 입 : 성급하게 굴면 안 돼. 어디 붙을 때까지 기다리자.

나 : 그래그래. 일격에 끝내야 돼. 일격……. 명석한 내 두뇌…… 내 아이큐 세 자리…… 흡족하도다. 흐흐.

기다린다. 안 붙는다. 기다린다. 안 붙는다. 기다린다. 그래도 안 붙는다.

'아니 저것이 술 취했나? 왜 저렇게 안절부절못하고 윙윙거려?'

속이 다시 부글부글. 그냥 확! 내려치고 싶지만,

아이큐 세 자리 나의 뇌 : 어허 이 사람아! 참아! 참아! 참을 인 세 개면 변비가 생긴다잖아. 아, 아무튼 참으면 가스가 푸욱 삭아서 냄새가 샤넬 넘버…… 에혀…… 아C…… 좌우지간 참아!

인내를 가지고 기다린다. 불과 몇 초가 몇 년 같다. 이마와 손에 땀이 차고 마른침이 넘어간다. 바로 그때 컴퓨터 귀퉁이에 붙은 파리 발견.

'오! 야르- 신이여…… 감솨합니다!'

에잇! 정의의 파리채를 받아랏!

윙- 윙-

또 놓쳤다. 젠장.

착!

어, 또 붙었다. 이번에는 쟁반.

'이, 이번에야 말로……. 꾸울꺽…….'
에잇!
파리채에 2주일 된 변비까지 분출하는 1000000%의 내공을 실어 다시 일격!
윙- 윙-
아아니…… 이럴 수가 또 놓쳤다. 허탈하다. 죽고 싶다. 어무이…….
파리 : 짜아쉭…… 너무 낙심하지 마. 인생이 다 그런 거야.

신 : 쯧쯧쯧…… 저것도 인간이라고…… 파리 한 마리를…….
슬쩍 옆에 있는 네로를 본다.
신 : 그래도 네로 너보다 훨씬 양호하다. 너는 모기 한 마리 잡으려고 로마를 불 질렀잖아.
네로 : 모기가 아니었다고요. 그건 모기의 탈을 쓴 에일리언이었다고요. 왜 그걸 몰라주시냐고요. 뭐 내가 불구경하려고 불을 냈다느니, 로마를 재건축하려고 방화를 했다느니 역사를 왜곡하냐고요, 이건 나를 두 번 죽이는 거라고요.
신 : (네로를 꼬나본다) 눈깔아! 임마! 너 또 에일리언 어쩌고저쩌고…… 망상했지? 아, 나 쟤 땜에 피부트러블 생긴다니까……. 어떻게 생긴 뇌기에 저승에 와서도 정화가 안 되냐. 그나저나 나 보톡스 한 대 맞아야 할랑가봐…… 요즘 소개팅에서 매번 폭탄이야. 젠장…….
네로 : (한심한 듯 신을 흘긴다) 저건 신이 아니라고요. 신의 탈을 쓴 에일리언이 분명하다고요. 신이면 절대, 저럴 리가 없다고요. 구시렁구시렁.

신 : (따가운 시선을 의식) 흠! 흠! 비…… 비가 올려나…… 자자꾸만 또똥이…… 아아니…… 처천연가스가 용트림을……. 엉덩이를 살짝 쳐들며, 뿌직- 뿍- 뿡-- 뿍!

네로 : 경멸! 불결! 변태!

신 : 저저…… 저 짜아식이…….

네로 : 쌌지? 쌌지?

신 : 새…… 샛다. 임마. 저걸 콱! 후쿠시마로 보내…….

보란 듯이 유유히 날고 있는 파리…… 밉다. 아주 밉다. 아아아!아 주 밉다. 당장 처치해야겠다.

에잇! 에잇! 에잇!

윙- 윙-

다시 시도.

에잇! 에잇! 에잇!

신 : 허공을 가르는 비천어채류, 파리채검법이구만……. 근데 파리채 쌩쑈 생각이…… 불나방 나이트에서 저렴한 가격 39,900원에 감상 했는데…… 웨헤헤…….

네로 : 바보…… 물나방 나이트에서는 특별할인 29,900원이라고요. 삼중코팅 파리채도 준다고요.

쇼 호스트 : 여기서 잠깐, 그깟 파리채가 삼중코팅이면 파리가 에어쇼를 하니? 하시며 태클을 거시는 11개월 된 불광동 삼식이 엄마에게 말씀드립니다. 요즘 생필품의 최대 중요성은 바로 기능성 아니겠습니까! 그 점을 감안할 때 이 삼중코팅 파리채는 아주 우수합니다.

고객님들의 이해를 돕기 위해 백수, 백조님들에게 매우 흡족 찬사까지 받으며 2012년도 쓰뽀쯔뚜데이 히트상품으로 선정된 알쥐 홈쇼핑 일반파리채는 호평에도 불구하고 파리 한 마리만 떡을 쳐도 아주 지저분해집니다. 특히 파리채 성수기 철에는 과다사용으로 인해 파리채에 적나라한 파리의 유해…… 구체적으로 바스트 힙…… 응응…… (손가락으로 헤아린다) 대퇴골, 갈비, 5번 척추, 눈X녕…… 등등 차마 방송으로 표현할 수조차 없을 정도로 파리채가 불결해집니다. 마음 같아서는 깨끗이 빨고 싶지만 대한민국에서 파리채 빠는 사람 있습니까? (둘러보며) 에? 에? 없죠? 없죠? (다시 카메라를 보며) 당연히 없습니다. 문제는…….

파리 : (나를 보며) 쟤 조연인데 대사가 너무 많은 거 아니니?

나 : (끄덕끄덕) 맞아! 주연은 우린데…….

11개월 된 불광동 삼식이 엄마 : 여보세요! 알쥐 홈쇼핑이죠! 개-완하다!!! 뽕뽕뽕!!! 222알 먹었는데도 7일째 응응이 안 나와요! 어떻게 된 거예요? 한 알만 먹어도 개-완해진다면서요. 씩씩! 파리채고 나발이고…… 환불…….

수화기 : 딸깍! 뚜뚜-

11개월 된 불광동 삼식이 엄마 : (수화기를 째려보며) 이런…….

쇼 호스트 : (능글능글) 네- 삼중코팅 파리채에 대한 설명이 채 끝나기도 전에 현명하신 고객님들, 미리 아시고 주문전화가 폭주하고 있네요. (뜨끔…… 아…… 살 떨려……) 그럼 이만 삼중코팅 파리채 광고를 접을까 하다가 여러분들의 위생이 염려되어 말씀드립니다. 대표적으로 우리 백수, 백조님들! 파리채의 용도가 파리박멸 뿐인가요. (최대한 귀엽게 귀에 손을 얹고 쫑긋) 아, 예예! 더울 때 임시 부

채, 가려울 때 임시 효자손, 임시 회초리, 아…… 그렇군요. 에…… 뭐라구요? 파리 잡다가 무심코 입에 물기도 한다구요. (굳은 표정으로 원상복귀) 잠깐 파리채의 용도를 살펴보았습니다만 아니나 다를까 우려 했던 대로 파리채를 들고 있다가 무심코 입으로 무는 불상사가…… 그 다음은 식사 중인 11개월 된 불광동 삼식이 엄마를 위해 더 이상 말씀드리지 않겠습니다. 다만 이 삼중코팅파리채는 막간다에서 직수입한 천연 보라뱀의 육수, 그러니까 땀으로 손잡이까지 세 번, 완벽하게 코팅처리 했으므로 아무리 파리를 잡아도 이물질이 거의 묻지 않기 때문에 십 년을 사용해도 새것처럼 매우 깨끗합니다. 설령 이물질이 묻어도 이렇게 탁! 탁! 털어 주기만 하면 청소 끝! 매우 청결하게 사용하실 수 있으며 최대 장점은 앞서 언급한 불상사가 발생하더라도 그다지 심각한 문제를 초래하지 않는다는 것입니다. (손가락을 세 개 펴 보이며) 세 번, 천연 보라뱀 육수로 세 번 코팅했기 때문에 이물질이 잘 붙지 않는 것뿐만 아니라 그만큼 항균, 탈취 기능도 탁월하기 때문이지요. 아울러 이 삼중코팅 파리채가 가지는 의미는 사소한 파리채도 신중히 선택해야 된다는 것입니다. 단순하게 여기는 것들이 건강을 해칠 수도 있으니까요. 하! 하! 하! (졸고 있는 파리와 나를 보며) 메인 방송이 기다리는 관계로 이상 삼중코팅파리채 광고를 마치며 080 자동주문전화 이용하시면 50원 할인 혜택이…….

11개월 된 불광동 삼식이 엄마 : 알쥐 홈쇼핑이죠. 삼중코팅파리채 두 세트 보내주세요. 네! 네! 제 고객번호가…….

11개월 된 불광동 삼식이 아빠 담배를 뻑뻑 빨며 홈쇼핑 구매물품대금 카드 내역서를 보다가 커다란 가방을 챙겨 집을 나선다. 그 후 그를 본 사람은 아무도 없었다.

11개월 된 불광동 삼식이 : 오물오물…… 호…… 호…… 홈…… 서뻥…….

NBC 앵커 : 여러분 안녕하십니까. NBC 뉴스 엄기룡입니다. 요즘 전업주부를 타겟으로 삼은 홈쇼핑 광고가 쏟아져 나오면서 이에 현혹, 필요하지도 않으면서 무분별한 충동구매로 인해 많은 가계(家計)가 휘청거리고 있다고 합니다. 개중에는 파탄지경에 이르는 가정도 있다는데 정말 심각한 사회문제가 아닐 수 없습니다. 보도에…….

감독 : 캇! 메인으로 카메라! 야! 뭐 해! 악션! 악션!

졸고 있던 파리와 나 : (화들짝 깨어나며) 뭐여…… 스탠바이도 안 주고…… 악션은 무신…….

감독 : 악션! 악션!

윙- 윙-

에잇! 에잇! 에잇!

윙- 윙-

에잇! 에잇! 에잇!

윙- 윙-

나의 분노 : '저저저걸…… 놔! 놔! 말리지마! 오늘 너 죽고 나 살자…….'

에잇! 에잇! 에잇!

윙- 윙-

다시

에잇! 에잇! 에잇!

윙- 윙-

무수한 공격이 소용없다. 이리저리 설치다보니 방만 어질러졌다.
'저놈은 보통 놈이 아니다. 추우면 꼼짝 못하는 게 파리이거늘……
이 추위 속에서 저토록 쌩쌩하다니…… 저놈은, 저놈은 파리의 탈을
쓴 에일리언이다. 암! 암! 아니지…… 후쿠오카 방사능으로 인한 돌
연변이 X맨 파리…… 그렇다면…….' 하다가 파리를 찾아보니 보이지
않는다. 기다려도 보이지 않는다. 문득 한심하다는 생각이 든다.
'내가 지금 뭐하고 있는 거니? 12월 춥고 캄캄한 밤에 고작 파리 한
마리와 실랑이를 벌이다니…… 쩝……. 나 두 자린가……?'
시계를 쳐다보니 시침이 두 시를 향하고 있다. 방안을 대충 정리하
고 다시 잠자리에 든다.
윙- 윙-
'참자. 그냥 자자.' 하는데 다시 얼굴에 달라붙는 파리,
'참자. 그냥 자기로 했으니 자자. 좋은 게 좋은 거다. 좋을 호(好)자
세 개면…… 세쌍둥이가 생긴다. 흐흐…….'
그랬는데…… 파리는 얼굴에 붙고 떨어지기를 반복, 신경을 박박 긁
는다.
파리 : 이착륙 연습을 게을리 하면 안 돼……. 게으를 태(怠)자 세 개
면…… 삼대가 노숙자야. 캬! 명언이다. 나 세 자린가봐. 아마도 곧
인간으로 진화를…… 그그럼…… 뇨뇨자…… 부끄…….
미리 자축의 의미로 나비처럼 날아서 벌 같은 이착륙 50회 실시!!!
윙- 착! 윙- 착! 윙- 착! 윙- 착! 윙- 착!
윙- 착! 윙- 착! 윙- 착! 윙- 착! 윙- 착!
윙- 착! 윙- 착! 윙- 착! 윙- 착! 윙- 착!
윙- 착! 윙- 착! 윙- 착! 윙- 착! 윙- 착!

윙- 착! 윙- 착! 윙- 착! 윙- 착! 윙- 착!

파리 : 헥헥! 아아이고…… 숨차……. 나…… 나도 이제 호시절이 다 갔나부다. 근데, 쟤가…… 죽었나? 반응이…….

나 : 꺄아악!!!!!!!!!!!!!!!!!!!!!!!!!!!!!!!!!!!!!!!!!!!!!

결국 폭발하고 말았다. 비명에 놀란 어머니 잠결에 우당탕! 뛰어나오신다.

"뭐 뭔 일이다냐?"

"암 것도 아녀라. 주무셔라. 근디 파리약 워딧써라?"

"뭐 허게?"

"파리약을 뭐 허겄써라? 씩씩…….”

"너 파리약 알레르기 있잖여? 갑자기 고만 살고 잡냐?"

"상관없어라. 시방 무시무시한 파리가 난리여라."

살충제를 뿌렸다. 많이많이 아주 많~이 뿌렸다. 흐뭇하다. 귀를 쫑긋 해봐도 더 이상 저주의 사이렌이 안 들린다. 날아갈 것 같다. 소개팅 폭탄 3년차에 만난 퀸카와의 데이트보다 행복하다. 그랬는데…… 우C…… 기쁨도 잠시 기침이 나온다. 콧물까지 나온다. 괴, 괴롭다. '아, 왜 살충제알레르기가 생긴 거지? 그전에는 안 그랬는데…….'

하다 불현듯 스치는 생각,

'그전에는 파리가 아무리 많아도, 모기가 댄스를 벌여도 그러려니 잤었는데…… 왜 이렇게 신경이 날카로워진 걸까? 겨우 파리 한 마리 때문에 잠을 못 자다니……. 아니지, 파리가 없어도 신경성에 시달리고 있잖아. 나만, 이런 걸까?'

나도 그럽니다. 나도 신경성위염으로 시달려요. 난 언제부턴가 신경성장염에……. 나는 몸이 많이 안 좋은데 병원에 가도 별 이상이 없다고 하고 아프다고 하면 신경이 예민해져서 그러니 안정만 하래요. 답답해요.

여기저기서 들려오는 신경성 질환들, 물질문명이 풍요로운 21세기를 살면서 왜 이토록 신경성으로 고통 받아야 하는 걸까? 얻는 게 있으면 잃는 게 있다고 앞을 향해 질주하면서 삶의 질은 향상되었으나 그만큼 신경을 혹사, 심신은 예민해지고 여유는 고갈되는 건 아닌지…….

'여유를 찾아야 하는데…… 자고 싶은데…… 쉬고 싶은데…….'

스산하게 울려오는 악마의 음흉한 웃음소리.

"낄낄낄…….."

# 다이어트

내 체중은 초등학교 6학년 때 24킬로, 스무 살 때 27킬로, 서른에 33킬로밖에 나가지 않았다. 키는 162. 아무리 병이 원인이라지만 피골이 상접한 내 몰골은 기아에 허덕이는 아프리카 난민보다 더했다. 솔직히 아픈 몸 플러스 삐쩍 마른 몸은 보기 흉했다. 당연 저체중으로 체력이 바닥이라 병원에선 생존자체가 기적이라고 했다.

살을 쪄야 한다. 살 살……. 도대체 어떻게 해야 살이 찌고 빠질까? 둘러봤더니 제각각 방법은 달라도 확실함을 강조하는 살 빼는 다이어트가 사회적으로 무수히 난립하고 있었다. 생식 다이어트, 야채 다이어트, 반창고 다이어트, 커피 다이어트, 포도 다이어트, 약물 다이어트, 벌침 다이어트, 육류 다이어트 등등.

골치가 지끈거렸다. 살 빼는 다이어트들을 종합 역이용할 생각이었는데 과연 그 많은 다이어트들이 얼마나 일리 있는지 부작용은 없는지 그런저런 걸 감안해서 어떻게 해야 할지 난감했다. 다이어트에 해당 안 되는 사람들은 모르겠지만 다이어트로 어려움을 겪어본 사람들은 그 고충을 알 것이다.

다이어트가 일상화될 정도의 사회가 된 건 하늘의 축복이다. 전후 보릿고개와 빈혈, 피까지 팔아야 했던 시절을 짊어져야 했던 우리 부모님 세대로서는 허리띠를 졸라매며 우리 자식 세대에게만은…… 하면서 마침내 오늘에 이르렀으니까. 말이 쉽지 빈혈로 정신을 잃고 쓰러진다는 것, 맹물로 배를 채운다는 것이 어떤 것인지는 겪어보지 않고선 모른다. 그런데 무분별한 다이어트로 건강을 잃거나 심지어 극단적 선택까지 서슴지 않는 지경까지 이르렀다. 그 이면에는 단기간에 효과를 보려는 조급함과 편하게 다이어트를 하고 싶어서 쉽고 간단한 다이어트에만 연연하는 경우가 부지기수다. 그렇다고 그게 무조건 잘못되었다는 건 아니다. 또 어떤 의미에서 어떤 식으로 다이어트를 하는 가도 개개인의 자유다. 문제는 우리라는 공동체 속에서 행해지고 있는 그릇된 다이어트로 인한 폐해다.

사실 살이 찌고 안 찌고는 극히 간단하다. 살이 찌려면 단백질이나 탄수화물, 지방 같은 필수 영양소가 반드시 필요하다. 그 기본물질을 섭취하지 않고서는 살이 찔 수 없다. 즉 운동을 하던 안 하든 칼로리 섭취는 높은 반면 칼로리 소비는 살이 찔 정도로 낮기 때문이다. 살이 빠지는 것도 어떤 식으로든 칼로리 소비량이 체중이 줄 정도로 높기 때문이다. 그건 곧 칼로리 소비량과 비례해 체중이 줄거나 늘 정도로 먹거나 먹지 않는다는 것이다.

운동도 안 하고 음식은 많이 먹는 것 같은데도 살 안찌는 사람은 알게 모르게 활동량이 많거나 또는 과식은 할지라도 살찌는 식습관이 아니다.

반면 운동도 하고 많이 먹지도 않는 것 같은데 살찌는 사람은 과식은 안 할지라도 암암리에 살찌는 식습관, 당분이나 열량 높은 군것질 같은 것에 길들여졌기 때문이라고 추측할 수 있다.

예외는 있다. 칼로리 소비는 전적으로 신진대사 양에 따르는데 운동과 상관없이 칼로리 소비가 촉진되거나 저하되는 신진대사 장애를 유발시키는 질환이 있기 때문이다.

100칼로리를 소비하는데 10분이 소요된다고 할 때 신진대사 촉진증에 걸린 사람은 마치 운동을 해서 칼로리 소비를 해내듯 시간을 단축시키지만, 신진대사 저하증에 걸린 사람은 더 많은 시간을 필요로 한다. 어째서 그러한 신진대사 장애가 발생하는지 정확한 질환명은 무엇인지는 의학 전문가가 알겠지만, 요지는 동량의 칼로리를 섭취해도 신진대사 촉진증일 경우 칼로리 소비가 빠르니 평균치보다 살이 안 찌며, 신진대사 저하증일 경우 오히려 칼로리가 체내 누적되니 평균치보다 살이 찐다는 공식이 성립된다. 그것은 곧 칼로리 소비를 촉진시키거나 저하시키는 신진대사의 병적인 이상만 없다면 누구나 살찔 수 있는 것이며, 반대로 살 안 찔 수 있는 것이기에 흔히 말하는 살찌는 체질 살 안 찌는 체질은 의학적으로 일리가 있다.

'혹시 나도?'

정확한 건 정밀검진

신진대사가 정상인데 병적인 비만으로 고심한다면 다이어트를 하기 전에 반드시 병원에 가야 한다. 굳이 병적이지 아니라 해도 다이어트를 하려면 건강 클리닉 센터에 가는 게 현명하다.

다이어트의 정설이라 할 수 있는 운동도 조심해야 한다. 나이나 체질에 따라서 고혈압, 심장질환, 성인병 같은 질환을 배제 할 수 없는데 그에 맞는 운동을 하지 않고 운동이 좋다고 무턱대고 하다가는 해가 될지도 모른다. 내 주변에서도 작년 겨울 조깅하다 두 분이나 심장마비로 돌아가셨다.

다 그런 것 아닐 것이다. 적절한 운동으로 다이어트를 혼자서 충분히 해낼 수도 있겠지만 자칫 건강을 해칠 수도 있으니 개개인의 나이와 몸 상태에 따른 다이어트를 전문가의 조언 하에 해야 한다는 것이다.

"교과서 읽고 있네. 어떻게 그런 걸 일일이 따지며 다이어트를 해……."

맞다. 생활에 쫓기다보면 아파도 병원을 못가기도 한다. 하물며 다이어트를 위해 병원을 찾는다는 건 쉽지 않다. 그럼에도 막무가내 운동의 해로움을 부정할 수는 없다. 따라서 운동을 심하게 해서는 안 된다.
다이어트의 성공여부는 본인의 균형 잡힌 식습관과 의지 이를 악무는 인내와 꾸준함이다. 운동이든 식이요법으로든 약물이나 지방흡입시술이든, 막말로 굶든 늘 표준체중을 유지하기 위해서는 그에 준하는 노력을 바로 본인이 해내야 한다. 단기간에 극적인 효과를 기대하지 말고 오랜 기간 42.195㎞를 준비하는 마라토너처럼 꾸준하고 장기적으로 다이어트에 임해야 한다. 종종 TV에서 유명 연예인을 내세운 몇 주 몇 달 다이어트 프로를 방송하곤 하는데 지극히 염려스럽다. 급작스럽게 살을 빼기도 어렵지만 단기간에 살을 빼면 그만큼 몸에 무리가 간다. 장기가 손상될지도 모른다.
아무리 다이어트를 해도 실패라면 그것이 자신의 한계임을 긍정적으로 수용, '뚱뚱하면 어때'라는 자신감으로 여겨버리고 더 이상 다이어트에 연연하지 말았으면 좋겠다. 외모중시 풍토 속에서 그러기가 쉽지 않겠지만 '난 왜 이렇게 다이어트를 못해낼까…….' 부정적으로 생각하다가는 비만이라는 노이로제 속에 그럴듯한 상술만이

판치는 각종 다이어트의 포로가 될지도 모른다.

난 식탐이 없다. 병약해서 식욕도 별로다. 식사량도 적어서 공깃밥 3분의 2정도면 땡이지만 저체중으로 투병이 더 힘들고 주사 맞을 때 주사바늘이 뼈에 닿기도 하기에 먹으려고 노력했다. 살찌려고 애썼다.

나에게는 당뇨환자라는 족쇄도 채워져 있었다. 배고파도 과일 한 조각 함부로 먹으면 안 된다.

노력했다.
인내했다.
분하고 짜증났지만 노력하고 인내했다.
실천했다.
병든 자식 수발로 평생 고초이신 어머니를 생각하며……. 

스스로를 치켜세우는 게 아니다.
어떻게든 나의 오늘을 살아내려고 했다는 것이다.

오 에~ 옴마! 기뻐해주세요. 43킬로에요. 아 이 감격 흑흑!
10년, 자그마치 10년 1년에 1킬로 조금 넘게 살을 찌웠다.
헤헤.

산다는 것 그렇더라.

## 관조·1

세상엔 60억이 넘는 사람이 있단다. 운명이 60억이 넘는다는 얘기다. 오지나 지구촌 다큐멘터리를 보면 정말 각양각색의 종족과 삶이 존재한다.

에일리언하면 떠오르는 건 외계인이다. 영화 속 흉측한 괴물도 오버랩 된다. 그런데 사전을 보니 에일리언의 뜻 중에는 생경한, 정말 이상한 것, 도저히 이해가 안 되는 것이 들어 있다.

우리는 인간이라는 공통분모로 동일시되지만 종종 같은 민족에게서도 이질감을 심하게 느낀다. 인종 간에는 더욱 그렇다. 그건 곧 전혀 다른 운명, 전혀 다른 삶과 직결된다. 물론 모든 생명체는 환경영향의 산물이다. 무생물도 마찬가지다. 그럼에도 너무나 천지차이인 삶과 모습이 생경스럽다. 겉모습만 해도 백인이 아프리카에서 아무리 오래 산다고 결코 흑인이 될 수는 없다. 흑인도 유럽에서 세세손손 살게 되면 피부가 하얗게 될지는 모르나 흑인 고유의 염색체가 백인의 것이 되지는 않는다. 과학자의 반론은 사절이다. 내가 말하고픈 건 에일리언이라고 느껴질 만큼 신기하고 다양한 지구인들의 삶을 성찰해봄으로써 나의 삶을 관조하려는 것이다.

배부른 돼지도 비애가 있겠지만 흑인이든 백인이든 오지인이든 아프리카 미개인이든 편한 팔자면 만고 땡이다. 그러나 지금 이 순간에도 극과 극의 시간이 존재한다. 누군가는 경건하게 수도를 하고 있고 누군가는 퇴폐나 범죄를 저지르고 있다. 또 누군가는 한 끼 배고 픔을 해결하기 위해 동분서주하고 쓸쓸히 생과 사투를 벌이는 이도 있다. 축복의 출생이 있고 고해를 넘어 고문, 저주라 할 정도의 출생도 동시간대에 이루지고 있다.

얼마 전엔 일제강점기 때 고문 귀신이라 불린 이가 천수를 누렸다는 기사를 접했다. 친일로 얻은 부로 후손까지 풍요로운 삶을 살고 있단다. 반면 그 귀신에게 비명 속에 가야했던 이들은 후손마저 끊겨졌다고 한다.

도대체 그런 갖가지 불합리는 무얼 말하는 걸까? 운명이라고 치부하기에는 단 한번뿐인 생이, 생명이 허락하지 않는다. 너나 나나 지금 이 순간 존재하기까지는 우주가 필요했고 천지창조가 필요했고 지구가 필요했고 유구한 시간이 필요했다. 신의 가호 속에 한 송이 국화꽃을 피우기 위해 봄부터 소쩍새는 그렇게 울어야했다. 날아야 한다. 존재하는 건 뭐든 날아야 할 의무가 있다. 그런데 누군가는 날 때부터 날개가 꺾이고 누군가는 누군가의 날개를 짓밟고도 잘 난다. 빈정상하지 않을 수 없다.

이러니 마치 낙오자의 넋두리 같다. 솔직히 그런 면도 없지 않지만 그보다는 한번뿐인 생을 어떡하든 꾸려보고 싶은 소망이다. 요지경 세상을 관조하며 평정심을 얻고 싶다. 그리고 한 발짝이라도 나아가고 싶다. 힘들수록 낮은 곳을 보라지만 마음뿐 내 손의 가시가 제일 아파죽겠다. 오늘은 인내해보지만 내일은 자신이 없다. 삶은 교과서도 없고 순리대로 되지도 않는다. 잘 버티다가도 허물어지기 시작하면 금세 절망에 휩싸인다. 온갖 부조리만 눈에 들어온다. 왜? 라는 의구심 속에 좌절하게 된다. 내 주장이 전적으로 옳지는 않다. 누군가에게 절대공감이어도 누군가에겐 궤변이다.

단 한 가지 확실한 건 생은 단 한번뿐이라는 것. 개미도 하루살이도 성인도 바위도 단 한번 뿐이다. 일단 소멸하면 그걸로 끝. 여기에 신을 대입시키고 싶지는 않다. 현세도 감당을 못하는데 내세나 윤회 같은 건 멀리 있다. 종교인 입장에선 현세도 신과 뗄 수 없을 것이다. 습자지 같은 얇은 믿음의 신앙인인 나도 약한 마음에 신을 찾고 있기는 하지만 그냥 한번 뿐인 인생 봄이면 싹이 돋고 여름이면 꽃이 피듯 자연의 평범한 일부로 살아보고 싶다. 평범한 삶, 보통의 삶의 십자가를 지고 싶다. 사랑하고 싶다. 사람과 어울리고 싶다. 그렇게 세상을 자조하고 싶다.

시간은 지금 이순간도 째깍째깍 질주하고 있다.

나는 왜 한국인으로 태어났을까?

나는 왜 황인종으로 태어났을까?

저기 저 흑인과 오지인과 돼지는 무얼 말하는 걸까?

저 수많은 역사와 사연과 세상만사는 또 무엇일까?

내가 지금 이렇게 존재하는 이유는 또 무엇일까?

어차피 그 어떤 성인이나 고매한 철학자도 유한한 존재로서 답이 유한할 수밖에 없으니 번뇌는 고뇌는 개에게나 줘버리고 술에 술 탄 듯 물에 물 탄 듯 살아야 하는 걸까?

신이여 어디로 가시나이까?

탄식이 절로 나온다. 살아보고 싶어서…… 들꽃처럼 그저 그렇게 살아보고 싶어서…… 머릿속에 그렇게 생이 가득하다.

"사랑합니다."

# 어머니 전상서

어머니, 어때요. 좋으세요.
그토록 좋아하시던 꽃상여잖아요.
편안하시죠. 편안하실 거예요. 내가 젤로 존 놈으로 맞췄어요.
꽃도 젤 비싼 놈으로 달았어요.
유명하다는 공주 봉현리 상여소리꾼도 모셔왔어요.
그놈의 상여소리가 뭐기에 상여소리만 나면 똥 싸다가도
후다닥! 뛰쳐나오셨잖아요.

요즘은 꽃상여 타는 사람 거의 없어요.
어머니도 잘 아시죠.

저는 꽃상여 정말 싫어요.
꽃상여 나가는 게 뭐 볼게 있다고 넋 놓고 바라보실 때면
망자 같은 어머니 얼굴
저는 그게 죽기보다 싫었답니다.

저는 꼭 화장할 겁니다.
이미 사람사서 화장해달라고 부탁해놨어요.
아무한테도 알리지도 않을 거예요.

올 때 모르고 왔던 것처럼
갈 때도 그러기를 바랄 뿐입니다.

어머니, 서운하시더라도 곡은 하지 않으렵니다.
살아생전 눈물 마를 날이 없었으니
어머니도 눈물이라면 지긋지긋하시잖아요.

다 잊으시고 이제 조용히 주무세요.
산다는 것이 도대체 뭔지 모르겠지만
어머니와 저의 술이 보통사람들보다
좀 독했을 뿐이에요.

먹구름이 몰려오네요.
한바탕 소나기가 오려나봅니다.

저 비가 오고 나면
임자 없는 무덤 위에도
햇살이 비치겠지요.

# 덫

검고 짙은 선홍빛 액체방울
톡! 수북한 눈 위로 떨어진다.

스르르 스미는 붉은 점
빠알간 꽃이 일시에 피어나듯
둥그렇게 퍼져나간다.

온통 눈으로 뒤덮인 깊은 산 속,
원시의 새하얀 설경 속에서
한 송이 꽃처럼 피어난 그 점은
세상 무엇보다 곱다.

그녀의 각혈은 계속되었다.
그만큼 눈밭은 아름다웠다.

숨은 끊어질 때 절정을 안겨준다.
피도 그와 같은 것인가.

세찬 눈보라가 사정없이 훑고 간다.

그녀의 남모를 사연을 말해주듯…….

어딜 저리 가야만 하는 것일까?
고해를 잔뜩 머금은 작은 몸뚱이
눈보라 속을 엉금엉금 기어간다.

모든 건 조그만 점으로 사라져가고
지나간 자리에는 거부할 수 없는 덫에 걸린
연약한 짐승이 몸부림친 흔적만 선연하다.

나는 지금 어떤 덫에 걸렸을까.
어떤 덫이 내 앞을 또 가로막고 있는 것일까.
나도 그럴 수 있을까.

## 금단의 땅에서

컬컬하고 텁텁했던 하루였다.
뒤돌아보니 죽음도 한바탕 소나기였는데
뭐가 그다지도 피가 되어 흘렀는지…….
뭘 그리도 잡으려 했는지…….
어머니에게 죄스러울 뿐이다.

어머니, 당신이 계셨기에 이 자식은 견딜 수 있었습니다.
그것이나마 어머니에게 위안이 되길 바랍니다.

누군가 이해한다지만 결코 모르리라.
나의 달리기가 어떠한 것이었는지…….
나또한 모른다.
너의 달리기를…….

나는 너무나 선에서 추방되고 말았다.
돌아갈 수도 없지만 경계를 넘어버렸으니
이제와 돌아가고 싶지도 않다.

신이란 작자와 마주앉아 더도 덜도 말고

딱 술 한 잔하면서 허허 웃어버리고 싶은데
과연 그럴 수 있을는지…….

이제는 더 이상 울지 않으련다.
이제는 더 이상 나를 찾지 않으련다.
누군가의 짙은 담배연기 한 모금에 모든 걸 실어 보낸다.

나는 이제 자련다.
피곤하다. 정말 피곤하다.
그뿐이다.

# 사모곡

인간으로서 유효기간을 다 못 채우고 떠나야만 되는 어릿광대여.
보랏빛으로 물든 새벽을 서성이며 무슨 미련을 그리도 붙잡고 있단 말인가.

야속하겠지만 초목이 우거진 세상에 떨어질 자네 넋쯤이야 그 무슨 대수란 말인가.
부디 남은 시간 잘 마무리하길 바라네.

꺼져버릴 불꽃이야 한줄기 잿빛연기로 허무에 묻혀버리는 걸 누군들 모르리오.
다만 어머니가 발목을 붙잡는구려.

자식을 품던 가슴에 자식을 묻게 되니 바람막이를 잃은 통한을 어떻게 감내할는지…….

흔히 우스개로 하는 말 있을 때 잘해 그 말이 사무칩니다.

## 눈 한 번 질끈 감고

여보시오. 사람님. 아무리 그래도 살자.
또 그래도 살자한들 죽어라죽어라 치도곤을 당하니
사람님이면 어이하시려오.

이놈도 울 어머니 배 아파 나온 놈인데
가난도 팔자라고 울 어머니 아들 낳고도
미역국 한 그릇 못 자셨다는데
자식으로 달달 볶아 부모에게 이바지 한 건
고추장보다 매운 산다는 것뿐이니
사람님이면 어이하시려오.

그렇소. 바로 맞았소이다.
이 내 설움 아무리 크다 한들
사람님 설움에 어찌 비할 수 있으리오.

이미 던져진 몸뚱이 눈 한 번 질끈 감고
이 한세상 살아 보렵니다.
그러다보면 언제 한 번 가슴을 열고
울어볼 날 있겠지요.

# 씻김굿

어기야 디야 차! 어기야 디야 차!
오늘도 산다는 것이 뭔지
밤을 부여잡고 작두를 타는 임들이여.
색안경 쓰지 말고 에라, 모르겠다! 뛰쳐나오시구려.
자네와 나 손을 마주잡고 춤 한 번 추세나!

아 이 사람아! 뭘 그리 따지는가.
기 없으면 탁주 한 사발 마시면 되지.
자네라고 춤 못 추나.
신명이야 나든 말든 아침이 올 때까지
덩실덩실 들썩거려 보세나.

시름일랑 꽉! 붙들어 매야 하네.
날도 궂어야 해가 뜨지 않던가.

어머니도 이리 나오소.
오늘 한 번 업고 놀아봅시다.

## 번뇌·2

이놈도 꾀부릴 줄 아는 짐승인지라
잠자리에 들 때면 다시는 눈이 뜨이지 않기를 기원했다.

도망칠수록 뜨거워지는 심장의 고동소리는
밤마다 무녀를 끄집어내 시퍼런 달빛 속에서
덩실덩실 더덩실 살풀이를 벌였다.

굿판에서 잉태된 불면증은
비 오는 밤의 별과 낮에 뜬 달마저도 그립게 했다.

가슴이 문드러져도 어루만져지지 않는 삶이라는 지랄병,
얼마나 더 앓아야 갈대의 유연함과
천년송의 강인함을 익힐 수 있을는지…….

## 어느 시퍼런 밤의 눈물

고난과 시련의 터널에서 안주한 육신은
오직 밥만으로 이 세상을 헤엄친다.
그럴수록 순수하고 싶은 영혼은 백야에 빠졌다.

연약한 육신을 단칼에 단죄하고 싶지만
영육의 주인인 어머니가 빌어먹더라도 살아만 달라고
내 그림자 속에 숨어 침묵으로 애원한다.

위선자는 활개치고 모심은 울고
타협한 세상은 제멋대로 인데
재판관인 하늘은 이것도 저것도 인생이라는 것의
평생 동반자라며 여전히 미결처리

유한할 수밖에 없는 피조물이란 갈증 속에,
얽히고 엉켜서 저당 잡인 너의 심연 속에
백조 한 마리 흑조 한 마리 그토록 으르렁거리니
오늘도 너의 단두대 위에서 잠 못 이루는 애벌레야.
이제는 허물을 벗고 나비가 되어야지
언제까지 너의 인질이 되려느냐.

## 염원

단 한 번뿐인 불놀이,
어떡하든 불사르며 교차로까지 다다랐지만
이정표는 정 중앙에 달랑 하나뿐.

마음대로 가시오.

일단 멈추었지만 어느 길로 가야 하는가.

산사의 목탁소리가 잠 못 들고
교회당 첨탑의 십자가가 새벽을 밝히고
오매불망 자식뿐인 어머니가 목을 매도
불완전한 존재로서의 혼란을 피할 수 없다.

나는 도대체 무엇이란 말인가?
어디서 와서 어디로 가기에 지금 여기서
인두겁을 뒤집어쓰고 있는가?

이름 모를 저곳에서
이름 있는 이곳으로 온 생명체,

그저 미지의 이방체일 뿐인가?

영이라는 것이 진실로 존재한다면
이 세상을 떠나는 날 모든 의문이 풀리든지
아니면 영조차 영으로서 동일한 의문을 품든지
그마저도 아니면 영면에 빠질테니
부족한 사유는 이제 그만

단, 나를 극복 못하면
나라는 주체가 한낱 객체로 바뀐다.

나는 나로 존재하기 위하여
나에게 십자가를 매게 해야 한다.

부디 그 전사들 중 한 사람이기를 비노라.

# 빛

절망을 두고서 번민을 두고서
폭발하려는 감성과 견디려는 인성의 필연적 대립으로
그 양면성의 예리한 칼날에 꽂힌 사람이라는 노예인지라
심연을 난자하며 꿈틀거리는 이중성을
싹둑! 없애버리고 싶었다.

항상 감당할 힘이 역부족이지만
나름 두 얼굴인 야누스의 그림자까지 죄다 찔렀다.

그 어느 쪽도 주검이 없다.

늘 그 미로에 빠져 허우적대지만
오늘마다 별을 헤는 마음으로
내일까지 온갖 기우제를 쫓다보면
쫓겨도 채찍질 하던 사람이라는 끝에는
단비가 분명 내리겠지.

# 자아검열

이상과 현실과 몽환 그 세 가지 가면을
어제도 오늘도 그리고 내일도 쓰고 있는 불완전한 자아의 밤은
오늘도 단두대에 올라 산다는 것으로 시소를 탄다.

제발 황소처럼 우직하면 이 영혼은 안식을 얻으련만
한세상 남부럽지 않게 살아 보고픈 이놈의 백골,
단심가(丹心歌)와 하여가(何如歌)를 모두 원하니
혼탁가(混濁哥)로 춤추는 나로 인해
정체성이 죽고 순수가 죽고 생의 원천인 어머니마저 오염된다.

태어나 주인이 된 게 무엇이란 말인가.
그 몸뚱이 그 정신이 진정 자신의 것이라고 자부할 수 있단 말인가.
물질의 노예, 안위의 시종, 현실의 인질, 연약함의 변명이
정녕 나와는 상관없단 말인가.

변명이라도 해도 좋소. 궤변이라 해도 좋소.
이미 현실과 깊이 타협해버려서 어쩔 수가 없소.

나는 비빔밥이오.

맛 좋은 자기애(自己愛)로 확실하게 비벼버렸소.

## 자조

너를 잃고, 어머니를 여의고
나는 살아 있음을 느꼈다.
울면서 아, 나는 울 수 있구나. 숨 쉬고 있구나.
그걸, 그 사실을 이제야 깨달았다.

고된 줄만 알았던 내 길,
너와 같은 길이었고
저 먼 길에 신고 갈 짚신을 짜기에도
그리 부족한 세월만은 아니었다.

활짝 피지는 못했을 지라도
어떤 식으로든 '나'란 꽃이 그렇게 피었다.

결국 바람은 나였다.
내가 존재함으로 그 모든 게 비롯되었다.

쉬엄쉬엄 걸어가야겠다.
수없이 어루만졌지만 몇 번 신어보지 못하고
장롱 속 깊이 곱게 모셔두고 떠난

어머니의 하얀 꽃신을 신고서
새로운 저 바람 속으로.

# 나그네

어김없이 찾아오는 세월의 뒤안길,
아무리 비바람이 몰아쳐도 바람을 올라탈 뿐
강 건너 동산의 갈대는 고요한데,
유한한 피조물의 끝없는 적막감이 사악사악 밀려온다.

주춤거리며 멈춰서면 돈에 팔려 어미를 잃고서
허허들판에 홀로 매여진 송아지는
누구의 분신이련가.

겨울은 그렇게 또 그렇게 짖어대니
보리밭에 남겨지던 불장난처럼
너의 아랫목이 그립다.

어이하리.
이미 내딛은 걸음, 짚신을 동여매지만
검둥개야! 검둥개야!
어서어서 뛰어나와 꼬리를 흔들려무나.
너라도 지팡이 삼아 이 하루를
내일로 가야겠다.

# 사람

영문도 모르고 일방적으로 내몰리던 그 기나긴 질곡의 시간 속에서 상흔처럼 축적된 기억의 소용돌이, 벗어나고 싶었다. 기억자체가 부담스러워 어디론가 달아나고 싶었다.

출구는 보이지 않았다. 공황의 수렁에 빠트리며 나를 가지고 노는 표정 없는 사냥꾼만 여전히 앞에 있었다.

죽이리라, 단숨에 모조리 없애버리리라. 나는 더 이상 사냥감이기를 거부한다. 이제는 내가 사냥꾼을 사냥한다. 사냥꾼은 망설이면 안 된다. 기회는 두 번 오지 않는다. 나는 준엄하고 매서운 한기를 두 눈에 응집시켰다.

왔으니 가야 한다. 어차피 한번은 치러야 한다. 당위성까지 되뇌며 최대한 움츠렸다. 그리고 영면의 긴장감까지 팽팽하게 녹아든 어느 찰나 폭주된 침잠을 일시에 폭발시켰다. 감내된 고해의 시간만큼 높은 고리까지 포함, 갈기갈기 물어뜯었다. 피비린내가 낭자한 그것의 심장과 눈알을 파내 조소를 퍼부으며 잘근잘근 씹어 삼켜버렸다.

끝났다. 역시 정면승부가 출구였다. 자각의 포만감에 스르르 눈이 감긴다. 영겁보다 더 한 고요가 흐르고 오랜 시달림으로 비명처럼 깨어나 황급히 주위를 살폈다. 그런데, 굳게 닫힌 새로운 문들이 나를 겹겹이 에워싸고 있었다.

그 끝없는 인생의 미로 앞에서 나는 더 이상 나아가지 못하고 진공상태에 빠지고 말았다. 그렇게 분열된 나는 사람이 아니었다. 정체성 모호한 외계의 객체였다.

초점을 잃고 얼마나 주저앉아 있었을까. 누군가 터벅터벅 다가와 내 곁에 털썩 주저앉는다. 그는 아무 말 없이 그저 그렇게 앉아 있을 뿐이다.

그를 바라다보았다. 낯선 사람이다. 그러나 왠지 낯설지가 않다. 눈물이 난다. 배시시 웃음도 나온다.

사람, 사람이 좋다.

산다는 것·3 | 비 갠 아침 | 자성 | 불멸의 그리움 |
그것 | 고독 | 섭리 | 노숙자 | 장미 | 위안 | 색깔 | 답변 | 진리 |
십자가 | 물음표 | 아름다운 세상 | 관조·2 | 관조·3 | 관조·4

# 산다는 것·3

내 손의 가시가 너의 죽음보다 더 아픈 것.
아니라고 아무리 석 달 열흘을 울어준들
본인의 일이 아닌 이상 모두 지나가는 바람일 뿐
각자 삶에 빠져 음지를 잊고 만다.
각박하지만 이런 것이 바로 산다는 것.

비정함이 오늘의 길을 밝힌다.

시간이 흐르고 나면…… 모든 건,
기억 저편으로 사라지겠지.
지금은 비록 힘들지만 아무 일도 없었던 듯
다가오는 시간 속을 걷고 있겠지.
그래, 별일 아닌 거야.
그저 이 시간을 지나치면 되는 거야.
그뿐이야.

## 비 갠 아침

간밤 고즈넉한 비가 수런수런 거리더니
낡은 문틈 사이로 갓 나온 햇살이 성큼성큼 들어온다.

아직 덜 아문 숨결은 임의 품을 찾고 있는데
또 하루가 밝았다며 일상을 부추기는 아침은
볕 좋은 마당에서 머리를 감기우고
게워도, 게워도 끝없는 삶의 군내를 한 움큼 덜어간다.

사랑한다. 사랑하련다.

마법의 주문을 외며 오늘도 걷는다.

## 자성

강물이 바다로 가든 저수지로 가든 흐르면서, 부딪히면서 물은 스스로 깨닫는다.
잔잔하게 흘러야 하는지, 세게 흘러야 하는지 바위에 부딪힐수록 깨닫는다.
그렇다.
제풀에 겨워 활활 분신하고 싶을 때가 많지만
하나하나 겪지 않고선 앞으로 나아갈 수가 없다.
발길에 차이는 하잘 것 없는 돌멩이도 발밑까지라도 오려고 울고 울었다.
그것을 나도 알고 있다.

문제는, 늘 뭔가 잃어버린 후에야 각성한다는 것.

## 불멸의 그리움

미세한 공기의 저항마저 없는,
대기가 완전히 멈춰버린 오지
음습한 우림으로 빽빽하게 뒤덮였으나
그 어떤 것도 생명이 없다.
죽음의 기운조차 없다.
시간도, 나무도, 물도, 하늘도, 공간도
퀴퀴한 잿빛으로 모두 정지해버렸다.

그곳에서
살아 있는 것도 아니고 죽어 있는 것도 아니고
몽환도 아닌 존재 없는 존재.

있다면, 후유증인가.
아주 오래 전 구렁이의 뱃속에서 멈춰버린 숨이건만
멈추기 전, 후줄근하게 질겅질겅 숨통이 씹히던
숨 막힘의 전율이 기괴한 기억으로 남아
영원처럼 척! 척! 온몸을 휘감는다.

죽이려면 어서 죽이든지

삼키려면 어서 삼키든지
간절함에 뇌까려보지만
몸에는 이미 피 한 방울 남아 있지 않다.
영원하다던 영혼도 모두 소진
허상밖에 없는데

피폐함 속에서도 고개 내미는 건, 연정
그것이 정녕 무엇인지 애달프게 그립다.

# 그것

폭주(暴注)와 포화(飽和)가 난무하는 세상,
그것도 예외는 아닐진대
결코 채워지지 않는 그것으로 명멸하면서도
언제까지나 그것의 술래이고 싶은 건
영원히 혼자일 수밖에 없는 사실을
알아버린 생명체의 그것 때문일까.

그렇게 아무리 충만해진들
그것으로 그것을 벗어날 수는 없을 것 같은데,
결코 벗어날 수 없는 그것에게 시달리며
잠시 그것을 생각해본다.

## 고독

내 가슴이 아닌 내 가슴에 얄궂은 바람이 출렁일 때가 있다.
그럴 때마다 완전히 연소되지 못하고 봉인 당한 숨결 속에 무엇을 잃어버린 듯,
유년의 기억 속에 소중한 걸 두고 온 듯, 알 듯 하면서도 모르겠고 잡힐 듯 잡히지 않는 공허한 이미지만 채워지지 않는 눈물대신 가득하다.

영원한 외로움은 그런 것인가.

# 섭리

온 세상이 멈춘다.
어머니와의 헤어짐도 숙명,
즐비하게 늘어선 가로등 불빛도
풀벌레 울음 속에 숨어 있던 너의 얼굴도
낡은 흑백사진이 돼버린다.

절대적 순간, 시뻘건 핏줄기가
판도라의 상자를 뚫고 솟구치지만
불완전한 흔들리는 이미지만
마비된 세상을 간헐적으로 오간다.

그리고 멈춘다.
그곳은 또다시 어머니의 무덤
보이지 않는 시선이 출렁거린다.
태곳적 모태의 숨결이 새나온다.

다시 움직이기 시작한다.
삶이 계속된다.
새봄이다.

# 노숙자

빈속에 꿀꺽꿀꺽 털어 넣은 빈 소주병들이 겨울밤 바람만 휑한 지하철 바닥을 이리저리 뒹굴고 쿨룩쿨룩…… 쿨룩쿨룩…… 살아 있다는 걸 암시하듯 가래 끓는 기침을 해대는 몸뚱이 하나, 동사한 새우마냥 웅크린 채 밤을 물린다.

돌아보면 나이 사십에 아무 것도 없는 빈손인데 무엇을 하였기에 사지육신 천근만근인지, 딴에는 달린다고 달렸는데 어이하여 내 자리는 지금 지하철 바닥인지, 업보가 많아 안락의자가 그리도 멀리 있는 것인지, 애들은 굶지나 않는지…….

일초라도 눈만 감고 싶은데 바늘보다 예민해진 몸, 발작하듯 연신 파르르 떤다.

"어이! 어이! 이봐! 이봐! 일어나!"

경비 구둣발 닦달에 내동댕이쳐진 짐승, 꾸물꾸물 굴 속 같은 지하철을 나서다 눈부신 햇살에 핑! 도는 현기증.
세상이 돈다. 돌아. 무정한 세상 잘되었다.

비틀비틀 쓰러져 '나죽었소' 얼마나 청승을 떨었을까?
스르르 눈 떠보니 우둘투둘 시커먼 손바닥에 햇살 한 줌 쥐어져 있다.

# 장미

눈 내리는 새벽어둠을 뚫고 솟아나는 한줄기 빛을 향해 둥근 원을 만들며 어슬렁어슬렁 모여드는 군상들

어디서 주웠는지 50년대 구호물품 같은 벙거지를 쓴 최씨, 식전 댓바람부터 소주로 병나발 부는 임씨, 산적 같은 구레나룻의 박씨, 꽁초를 줍고 있는 전직 교장이라는 이씨, 간밤에 힘을 못다 썼는지 황소 콧김을 내뿜으며 씩씩거리는 양씨, 오늘도 한번 살아 보겠다고 타닥타닥 장작과 불장난을 벌이는 드럼통 주위로 기어 나왔다.

그렇게 동트기 전 하늘아래에서 껌벅껌벅 산다는 걸 붙잡고 있는 꾀죄죄한 몰골들, 활활 타오르는 불빛에 반사되어 이상야릇하다. 좀도둑들 같기도 하고 범죄자들 같기도 하고 덜떨어진 놈들 같기도 하다.

세상만사 별의별 일도 다 있고 별스런 인간도 다 있다지만 저렇게 희한한 놈들 누가 밥 주고 속살 주고 정 주고 데려갈는지…… 살아도 얼마나 데리고 사는지 심난하다.

"최씨! 박씨! 너! 너! 어이! 어이! 미장 둘? 사모래? 사모래?

여기요! 여기! 나도 좀 묵고 삽시다!
아따! 이 양반 그 몸으로 노가대를…… 노가대도 대학이유. 아무나 못 가. 이 양반아!
어, 거기! 거기!"

무슨 특공대 소집인가. 승합차 집차가 우르르 몰려오더니 먹음직스런 놈들만 죄 싣고는 휭하니 가버렸다.

남겨진 인간들, 막차도 타지 못한 인생들, 흩어진다.
그러잖아도 처질대로 처진 어깨가 더욱 무겁다.

저들은 어디로 가야 하는 것일까?
인두겁을 쓰고 왔으니 인두겁을 쓰고 가야 할 텐데 어둠의 길로 빠지지나 않을는지…….
어머니를 잊지 말아야 할 텐데…….

"김가야! 궁상 그만 떨고 컵라면 묵어라!
죽더라도 묵고 죽자! 때깔이 좋아야 저승에서도 실어간다더라.
어, 어디 가냐? 컵라면 퍼지잖아!?"

"어, 뭐야? 썩을 놈! 밥도 안 묵고 어디가나 했더니 장미 사러갔었냐.
근데 징그럽게 이런 걸 날 주냐?
나 임마! 너 싫어. 멍청해 보여서 너 보면 입맛 없어.
제발 인력시장에서 만나지 좀 말자.

근데 너 늘 멍하니 뭐 생각 하냐?
맨 날 장미 생각 하냐?
암튼, 장미 보니까 좋다.
야~ 이 향 얼마 만에 맡아보는 거야.
젠장, 갑자기 눈물이 나려고하네…….
아, 나 울면 안 되는데…….”

## 위안

움푹 함몰된 늪 속으로 쑤욱쑤욱 빨려들고 있다.
바동바동 필사적으로 버텨보지만
늪은 음습한 아가리로 처억처억 온몸을 더욱 휘감는다.
탈출할 수 없다. 잠깐의 이탈도 할 수 없다.

자, 어떡할 텐가?
피하고 싶겠지만 선택의 순간이야.
주어진 삶에서 최선을 다하는 삶이 아름답다고
누구처럼 교과서를 읽지는 않겠어.
후회 없는 선택을 바랄 뿐이야.

어떤 걸 선택해도
누구도 너를 비난할 수는 없어
나는 그것만 알지.

## 색깔

독실한 신자가 있었다.
신앙심이 돈독하면서도 그는
세상의 굴레를 벗지 못해
속한 교리에서 왕왕 이탈되었지만
결코 신앙을 저버리지는 않았다.
흥미로운 건,
불분명하더라도 나름대로 매사에 뚜렷한
가치관이 있었고 융통성이 풍부했기 때문에
지극히 무신론자 같았다는 것이다.
그는 그런 식으로 삶을 풍미했다.

신을 부정하지 않는 무신론자가 있었다.
철저하게 세속적 굴레에 속한 그는
특정한 신앙심은 없었지만
나름대로의 신념으로 하루하루를 살았다.
흥미로운 건,
비교적 엄하게 절제된 생활을 했기 때문에
음주를 해도 신실한 신자 같았다는 것이다.
그는 그런 식으로 삶을 풍미했다.

## 답변

그는 신앙심 없이 살아갈 수 있다지만
그 사람은 신앙심 없이는 살아갈 수가 없다.

그뿐이다.

# 진리

진리를 찾아 헤매는 사람이 있었다.

그는 동양철학, 서양철학을 두루 섭렵하며 진리를 찾았으나 지식만 늘어갈 뿐이었다. 동양종교 서양종교까지 두루 탐구하며 진리를 찾았으나 지식만 늘어갈 뿐이었다.

그는 철학자, 종교학자가 되어 동서양을 막론하고 온 세상을 다니며 진리를 찾으려 노력하였으나 세상에서 진리라 여겨지는 것들이 그에게는 무언가 부족했다.

그렇게 세상을 방황하다 생이 다하여 죽음을 맞이하려는 순간 진리를 어렴풋하게나마 알고 있다는 사람을 만났다.

"제발 진리를 말씀해 주십시오. 하루를 살더라도 진리 속에서 살고 싶었습니다."

"지금 몇 살이오?"

"팔십 세입니다."

"그럼, 당신은 80년이나 진리 속에서 살았소이다. 내 딱 부러지게 이거다. 라고 말은 못하겠소이다만 이 세상 삼라만상은 무생물이건 유생물이건 모두 유한한 생을 사는 피조물로서 각각의 생이 있소. 그리고 저기 저 풀이 어이하여 생겨나고 어이하여 떠나가는지 저 풀 자신도 모르고 인간도 모르오. 인간처럼 사고하는 생물도 아니니 그저 자연의 섭리 속에서 생겨나고 풀로서 그 생을 존재하다가 또다시 자연의 섭리 속에서 사라질 뿐이오.

그처럼 당신도, 아니 인간도 자연의 섭리 속에서 생겨나 인간으로서 그 생을 존재하다가 또다시 자연의 섭리 속에서 사라지는 것이 진리일 듯싶소.

몇 마디 더 하자면 인간은 사고하는 존재라 그 사고 속에서 수많은 것들이 파생되지만 그 어떤 것도 한계를 피할 순 없소. 아무리 지식이 많다한들, 아무리 철학과 경륜이 깊다한들, 아무리 깨우침이 높다한들, 결국은 스스로의 만족일 뿐, 아무리 두 손을 들어도 하늘은 못 가리고 자신의 두 눈만 가리고 아옹할 뿐이오.

내 진리라고 말하는 이것도 내 눈만 가리고 아옹 하는 것일 것이오."

## 십자가

어떤 사람이 있었다. 그는 심한 장애로 태어나자마자 버려졌으며 어려서부터 온갖 병마에 시달렸다. 그렇게 허약해진 그는 매우 궁핍한 생활을 할 수밖에 없었다.

삶이 고달플수록 정이 그리웠으나 장애와 병, 영양실조로 몰골이 흉해진 그를 포근히 어루만져주는 이는 없었다.

세상은 갈수록 냉정했다. 그의 탓이 아닌데 노트르담의 꼽추처럼 흉해진 그를 세상은 무슨 병균 취급하며 세상 밖으로 자꾸만 내몰았다.

세상의 끝에서 그는 일을 하고 싶어도 할 수 없는 몸이 되었으며 급기야 구걸마저도 할 수 없는 지경에 이르렀다.

결국 그는 쓰레기통을 뒤지며 연명하다 어느 추운 겨울 날 쓰레기통 옆에서 얼어 죽고 말았다.

죽어가면서 그는 수많은 촛불처럼 떠 있는 밤하늘의 별을 보며 뜨거운 눈물을 흘렸다.

영혼이 되어 신 앞에 선 그가 말했다.

신이시여,
세상에서 누군가 말하길 삶은 연극이다. 라고 했습니다. 인간의 삶이라는 게 화려한 조명아래 온갖 행복을 누리는 주연이 있고 그와는 정반대의 조연이 있는 연극 같기에 그런 비유를 했는데 저도 그렇다고 생각합니다.
그런데 말입니다. 신이시여!
왜? 제가 조연이어야 했습니까?
그것도 아주 지독한 조연을 왜,
하필이면 제가 맡아야 했습니까?
세상에는 인간이라는 배우가 60억이 넘는데 말입니다.
그 이유만이라도 안다면 세상에서 견뎌야만 했던 그것을 지우고 무엇보다 바로 당신,
신이신 당신에 대한 잡념도 지우겠습니다.

신은 표정 없는 얼굴로 그의 두 눈을 한참동안 바라보더니,

연출은 해야겠는데, 연극은 시작됐는데, 60억이 넘는 연극배우들이 네가 맡게 된 역할을 모두 마다했다. 해서 나는 공평하게 추첨, 즉 복권 추첨하듯 지구상에 있는 모든 인간들의 이름이 새겨진 공들을 큰 통속에 넣고 뺑뺑이를 돌렸다.
거 절라 힘들더라. 시방도 어깨가 쑤셔.
그가 어이없는 듯 웃었다.

신이 심각한 얼굴로 말했다.

내 말이 우스우냐?
웃든 울든 네 자유이나 나도 한 가지만 묻자.
너는 네 배역에 대해, 아니 그 역할의 고충에 대해 나에게 따졌다마는 연출을 맡게 된 나는 나의 고충을 누구에게 따져야 할까?

나도 죽고 싶을 때가 있단다.

# 물음표

한 푼, 두 푼 근근이 모은 돈을 사기 당하고 귀가하는 도중 뺑소니 사고로 하반신마비가 된 사람이 있었다.

그가 그렇게 되자 어머니는 충격을 받고 돌아가셨으며 아내는 아이들을 데리고 가출해버렸다.

평범하게 살다 하루아침에 가정마저 파탄, 막막한 신세가 된 그는 실어증에 걸리고 말았다.

그러던 어느 날,

내 꿋꿋하게 살아가리라. 운명에게 당장 숨이 끊어질지라도 당당하게 죽으리라.

궁지에 몰린 쥐가 고양이를 문다고 했던가. 그도 사람인지라 가슴 속 깊은 곳에서는 뜨거움이 자리 잡고 있었으나 철저하게 마음을 잠근 채 묵묵히 하루하루를 살았다.

그런 그를 하루가 멀다않고 찾아오는 것이 있었다. 그건 바로 신앙의 손길이었다.

세계 3대 종교인 불교, 기독교, 이슬람교뿐만 아니라 듣도 보도 못한 종교까지 그를 찾아와 생소한 신을 내보이며 신의 품으로 안길 것을 청했으나 오래도록 굳게 얼어붙은 그의 마음은 열리지 않았다.

그렇게 그의 시간이 흐르던 중, 늦가을의 낙엽들이 쓸쓸히 떨어지는 걸 본 그는 무슨 생각에서인지 여러 종교의 여러 신들을 스스로 찾아다니며 신들의 품에서 쉬었다.

예(禮)로서 그는 신들을 영접했으나 어떠한 종교에도 속하지 않고 섭렵하듯 뜨내기처럼 이곳저곳 신에게 잠시 머물다 떠나버리는 그를 종교인들은 달가워하지 않았다.

급기야 어떤 종교에서는 그를 이단자라며 문전박대 하였으며 받아주더라도 마지못해 받아주었다.

생의 마지막 순간, 그는 가쁜 숨을 몰아쉬면서,

"신이여, 이 영혼을 받아주소서."

신음처럼 기도드리고는 경건하게 죽음을 받아들였다.

그는 뚜렷하게 어떠한 신을 믿지도 않았고 어떠한 신앙생활을 하지도 않았다.

신은 그의 영혼을 거두어주었을까?

## 아름다운 세상

꼭 그렇지마는 않으나 장애인에게 꼬리표처럼 달라붙는 극복이란 두 글자가 부담스럽다. 핸디캡이 있든 없든 나를 이기고 나를 다스려야겠지만 암묵적으로 꼭 그래야만 되는 것 같은 압박감에 시달리기 때문이다. 물론 장애와 상관없이 삶과, 생명이 주어진 이상 각자의 인생을 책임져야 하기에 극복이란 단어가 나왔을 것이다. 현실과 맞서며 운명을 개척하는 것에 대해 부정적인 것도 아니다. 다만 우리 모두는 육의 탈을 뒤집어 쓴 유한한 피조물로서 내가, 내가 아니고 나의 주인이 나가 아닐 때가 많다.

'마음은 원이로되 육신이 약하도다.'

깨어 있으라고 했으나 졸음을 이기지 못하고 졸고 있는 제자들을 보시고 예수님께서 하신 말씀이다.

'아시는 구나. 정수를 위해 나름 최선을 다 해도 변수, 함수, 무리수 등등 온갖 미지수가 난무하는 세상 속 인간의 연약함을 헤아려 주시는구나.'

'날고 싶으나 자꾸만 주저앉으려는 나약함을, 병들어 냄새나고 눈

살이 찌푸려지는 사과지만 살고 싶어서 죽고 싶은 마음을…….'

예수님에게 감화 받으며 거센 풍파에도 휘둘리지 않으려고 두 손을 쳐들었다. 결연한 의지로 스스로에게 맞섰다.

아무리 두 손을 치켜들어도 불가항력일 때면 위축된 만큼 사랑이 그리웠다.

사랑은 우리 가슴 속에서 잉태되었다. 내 사랑은 네 가슴 속에서 나왔고 네 사랑은 내 가슴 속에서 나왔다. 우린 이 사랑을 주인에게 돌려줘야 한다.

인생은 웃고 살기에도 부족한 시간 속을 항해하는 것이라고 누군가 말했다.
다시 못 올 소중한 시간이다. 순간순간을 아껴야 한다. 감싸 안아야 한다. 사랑해야 한다.

나는 너 없이는 살 수 없다. 너와 나 사이에 애정이 만발하길 빌어본다. 서로가 좀 더 배려하고 좀 더 가까워지기를 소망한다.

개개인에게 새겨진 십자가는 당사자 아니면 모르지만 너와 나의 하나 된 숨결로 아름다운 세상이다.

## 관조·2

비쩍 마른 체구의 노인이 가녀린 숨을 몰아쉬며 재래시장 한편에서 손수레를 끌고 있는데, 오늘도 번쩍번쩍 흐느적흐느적 후덥지근한 세상 빙빙빙 잘도 돌아간다.

나만이라도 자위하며 노구의 다 끊어지는 숨통 조금이나마 어루만져주고 싶지만 내 발등에 떨어진 불이 웬수. 나부터 살고 보자. 낙오자 패배자 낙인을 피해 동분서주 헐떡헐떡 거려보지만 요지경 세상에 이리 채이고 저리 떠밀리고 결국 욱! 해버린 잡놈 신세, 될 대로 되라 병나발 불며 바람 따라 흘러 흘러갔더니 말 많은 바다가 가로막는다.
세상사 다 그런 것 아니냐며 고리타분한 말만 늘어 노면서…….

그는 피식 웃고는 세상 속으로 덤덤하게 돌아갔다.

## 관조 · 3

그 놈의 영혼도 에이는 잡스런 것들이 밤새도록 몰려오더니 비쩍 마른 서낭당 당산나무 모가지까지 비틀며 뭐라고, 뭐라고 벙어리 하소연하더니만 제풀에 겨워 목을 매자 열여섯에 미쳐버린 소녀가 동무인 냥 색동옷에 수양버들 입에 물고 하늘하늘 뛰어와 게슴츠레 바라보다 히죽히죽 훌훌 춤을 춘다. 시퍼런 청춘에 황천길 떠난 두 눈, 검붉은 피를 토하며 삐질삐질 튀어나와 땡감처럼 툭! 툭! 떨어진다. 기다렸다는 듯 미친년이 날름 눈알을 주워 무표정한 얼굴로 공기놀이를 하고 어둠 속에서 그 꼴을 보던 귀신형상의 노파가 어슬렁어슬렁 다가와 잠시 바라보다 축, 늘어진 송장을 슬쩍 올려다보고는 팽! 코를 풀고 사라진다. 고요를 깨듯 을씨년스런 바람 한 줄기 휑하게 불어오고 다 썩은 퀴퀴한 고목에서 눈알 빠진 시체가 왔다 갔다 무심하게 그네를 탄다. 때가 되자 굶주린 야수, 게걸스럽게 먹어치우니 피눈물을 흘려대던 영혼 흔적도 없이 사라지고 어두컴컴한 달빛 아래 아무 일도 없었다는 듯 평온만이 가득하다.

해가 뜬다.
세상도 어제처럼 그저 그렇게 돌아간다.
그는 사라졌어도…….

## 관조 · 4

고양이야! 고양이야!
너는 왜 나를 잡으려고 안달이니?
잠 좀 자자 잠 좀…….

고양이야! 고양이야!
너는 왜 나를 가지고 노니?
잡은 걸로도 부족하니.

고양이야! 고양이야!
엄마가 맴매한다!
맴매!

쥐야! 쥐야!
나는 고양이란다.
나는 고양이란다.

그렇구나.
너는 고양이구나.
나는 쥐고…….

그래, 그래.

상사병 | 본능 | 상심 | 통과의례 | 무제·3 |
주홍 글씨 | 구세대 농부 난심가 | 교회에서 | 루시퍼와 예수 그리고 |
정신의 폭주와 라면 한 봉 | 정신분열 | 인공위성 | 칼잽이 |
독설 | 희망이란 | 너머를 향하여 | 아침 | 마지막 편지

## 상사병

내가 그리 좋은가
자고 나면 팔 하나 가져가고
자고 나면 다리 하나 가져가고
자고 나면 가져가고 가져가
어젯밤 놀라 깨어보니
나는 오간데 없고 껍데기만
덩그러니 바람에 구르고 있다.

몸뚱이를 잃어버린 고혼
허둥지둥 헤매다 당신을 붙잡고
목 놓아 운다.

왜 나는 가져가지 않았습니까.
내 몸 가져갔으면 나도 가져가야지요.
나는 어이 하라고…… 나는 어이 살라고…….
내 마음 내놔요.
내 영혼 내놔요.
몰래몰래 훔쳐간
내 심장 내 마음 내놓으란 말입니다.

## 본능

왔으니 한 번만이라도 당신의 수면을 스쳐야 갈 수 있습니다.
당신을 의식하지는 않습니다. 저절로 당신에게 향할 뿐입니다.
그리고 꾸물거리는 벌레를 물고서도 허기가 집니다.

## 상심

그 사람 얼굴이 더 이상 보이지 않는다.
굳은 표정과 침묵뿐이다.

엎질러진 물은 되돌릴 수가 없다.
모두 곡해였다고 해도 이미 비롯된 시간들에게서
자유로울 수는 없다.
서먹함과 상처, 비싼 후회가 뒤엉켜 옭아맨다.

이렇게 떠나게 되는 것인가.
이렇게 헤어져야 하는가.

오늘 그 사람과 나는 서로 다른 세계에 있다.
한순간에 허물어지고 말았다.

영화에서 보면 이럴 때 술을 마신다.
나도 그래볼까.

춥다. 집에 가고 싶다.

## 통과의례

상투적 유치함에 숨고 싶지만
나는 또다시 과거를 붙잡는다.
그럴수록 추해질 뿐이라고 자책하면서도
자꾸만 애증의 강에서 허우적거린다.

너는 연민도 집착도 죄라며 뿌리친다.
진정 너는 그런 단계까지 이르렀는지 모르겠지만
나도 언젠가는 변하겠지만 난 아직 서툴다.
몇 번을 더 벗어야 어설픈 나로부터 조금이나마 자유로운지
하나씩 되짚으며 새겨봐야 한다.

비 온 뒤에 땅이 굳는다.

# 무제·3

문이 또 열렸군.

검지를 쑥 내밀어 가리켜봐!
저기, 저곳이야. 잘 봐봐!
손짓하는 게 보이지.

부르잖아. 가봐.
왜, 가기 싫어?
함 가봐.

그만 일어나!

## 주홍 글씨

이성애자인 그와 그녀의 성염색체는
XY와 XX

그와 그는 동성애자
일명 호모 또는 게이나 사이코
그런데, 그들은 그들만의 성염색체 XY와 더불어
여성의 성염색체인 XX도 충족할 수 있는
성염색체를 미지수로 보유

레즈비언인 그녀와 그녀도
그녀들만의 성염색체 외에
♂도 충족할 수 있는 염색체를 보유

그 사람과 그 사람은 양성애자
옳든 그르든, 마음에 들든 안 들든
미확인 성염색체가 있든 없든
변수, 무리수, 미지수, 운명수 등등으로
♀ ♂를 모두 취할 수 있는 이중적인 성까지
너와 나 우리의 시공간에 바로 지금 존재한다.

문제는 인간은 666등급의 성마저 허락했다는 것

절대자는 HIV(AIDS)를 허락했다는 것

사회는 오늘도 우리라는 절대수로 모든 수를 푼다.

미지의 성염색체 플러스알파와 오메가는
남성과 여성만 인정하는 보편적 공식으로 생략
제 3, 제 4, 제 5……의 성별들은 우리 밖으로 무기한 격리
탕! 탕! 탕!
공소기각!
폐정!

모난 돌이 죄이로소이다.
십자가는 감내할 수밖에 없지만
시대의 흐름을 간과한 채
과학의 신을 믿고 윤리를 고정시켜놓고
언제까지 희망사항이란 덫에
사로잡혀 있을는지…….

## 구세대 농부 난심가

아침햇볕이 아까운 저 농부
조반도 거르고 새마을 모자 눌러 쓰고
삽 둘러매고 논두렁 밭고랑을 걷고 있지만
굳게 다문 입술 퀭한 두 눈은
반드시 넘어야 할 산에 걸려 있다.

배추 양파 콩 마늘 감자……
금년에는 무엇을 심을까?
무슨 작물을 어떻게 가꿔야만
인터넷으로 농사짓는 시대에 뒤쳐지지 않고
염라대왕 낯짝 같은 농가부채 상환고지서 대신
신 영농인 표창을 꿈꿀까?

고품질 다생산 유전자 변형작물,
병충해가 극성을 부리고 잡초가 무성해도 유기농작물,
유행성 일회성 특용작물…….

분분한 유혹마저 농부의 마음을 흔드나
송충이는 솔잎만 먹어야 한다고

하늘은 코뚜레를 뚫었으니
고삐에 순종한 순박한 농부의 일편단심
첫째도 둘째도 셋째도 기름진 땅이더라.

가물어 메마르면 단비 만들고
비바람 몰아치면 땀방울로 다져보니
내일은 풍성한 들녘으로 되돌아오지만

풍년들면 넉넉해서 흉년
흉년들면 수입으로 풍년

시대의 흐름은 막을 수가 없고
세상사 인간사는 쉬운 일 하나라도 있으리오마는
부디 결실이 거름되는 인재나마 피할 수 있기를
조상님 나라님 전에 빌고 비나이다.

## 교회에서

오늘도 당신은 침묵

오늘도 독기 품은 악은 선을 사주하고
오늘도 독기 품은 선은 악을 사주한다.

절대자의 연극인지
악마의 연극인지 막은 올랐고
오늘도 각본대로 파죽지세

유한한 인간은 악으로 선으로 대변되는 놀음에 오늘도 미혹

거의 모든 걸 잃고서도 절대적 믿음으로 모든 걸 지켜낸 욥은
유한함으로 대변되는 연약한 짐승의 극단적 사례

기적까지 행한 수제자임에도 목숨 앞에 믿음을 저버린 베드로는
유한함으로 대변되는 연약한 짐승의 보편적 사례

루시퍼는 알파와 오메가의 영광을 위하여
길 잃고 헤매야 하는 한 마리 희생양

궤변의 정의는 신
사랑의 정의는 악

그 불이 이 이상 걷잡을 수 없는
유황불에 번지기 전에
저 어둠을 이글이글 삼키고 있는 저 횃불로
이 이성적 굴레를 불살라
마침표로 돌려주시길…….

## 루시퍼와 예수 그리고

루시퍼 가라사대
진실로진실로 네게 이르노니
첫째도 둘째도 예수를 섬기지 말지어다.
그리하면 세상만물이 너의 것이니라.

예수 가라사대
진실로진실로 네게 이르노니
첫째도 둘째도 다른 신을 섬기지 말지어다.
그리하면 영원히 죽지 않으리라.

인간 가라사대
형법 제 3조 5X항에 의거
허위사실 유포로 인한 특수공갈협박죄 성립 시
X년 이하의 징역 또는 XXX만 원 이하의 벌금에 처한다.

# 정신의 폭주와 라면 한 봉

중추 신경계의 석회화 때문인지 날카로운 흉기가 내장을 쿡쿡 찌르듯 결렸다. 마치 척추의 딸꾹질 같았다. 몇 십 분 만에 가라앉기도 했지만 하루 종일 진정되지 않을 때도 있었다. 그럴수록 번뜩번뜩 날이 선 신경은 시침 소리에도 놀라 찌릿찌릿 경련을 일으켰다. 하루하루가 살아 있지만 초죽음이었다.
'잠 좀 잤으면……'
나를 모르는 곳으로, 내가 없는 곳으로 떠나고 싶었다. 화마와 수많았던 혼수상태를 헤쳐 나온 것이 괴로웠다. 잔혹한 현실에 분노를 품어보기도 했지만 그런다고 '나의 현실'을 회피할 수는 없었다. 그리고 현실을 견딘다는 것은 '나'를 견디는 것이었다. 즉, 극복이란 자기 자신 '나'와의 쓸쓸한 투쟁이었다.

스스로와의 격전은 숨소리라도 새나가면 큰 화를 당하고 중대한 잘못을 저지르는 것만 같은 긴장감으로 이어졌다. 그 정의가 무엇이든 나는, 스스로에게 겸허해야 극복은 못해도 '질질' '사수'할 수는 있었다.

애를 쓰며 싸웠다. 혼신을 다해 기도도 했다. 일분은 육십초, 한 시간은 육십분, 하루는 이십사 시간, 일 년은 삼백육십오일, 십 년은 삼천육백오십일, 또 십 년은…… 무정하게 길기만 한 그 세월동안 무념이 오래가다 보니 역으로 무엇이 옳고 그른지, 왜 존재하고 사라지는지 혼란스러웠다. 사는 거나 죽는 거나 모두 덧없다는 허무가 밀려왔다. 그것은 정신 병리적 현상이었다. 그리고 그런 나의 뒤에서 나의 하늘을 보고 또 보았다.

얼마나 지났을까. 내가 없고 허상뿐인 나의 시간 속에서 빠져 나와 라면 한 봉 후루룩 먹었다.

복잡한 심리상태에서 벗어나 아무생각 없이 후루룩 쩝쩝 라면을 먹을 수 있기까지 결코 쉽지 않았지만, 단순한 사고, 단순한 마음…… 단순함 속에 삶의 여유가 있었다. 고비 고비를 쉬어 갈 수 있는 지혜가 있었다.

## 정신분열

하늘에서 툭 떨어뜨리어 준 한 점의 의식이 달린다.

두 점으로 갈라져 각각 따로 달리다가 동일선상에서 같이 달린다.

일차원 선상에서 수없이 나뉘며 점과 점으로 이루어진 의식의 틈새를 인성의 힘으로 구심점을 이루며 한 줄의 의식으로 이어져 달린다.

이차원으로써 군데군데 틈이 보이고 약했던 의식의 선이 끝없는 시간 속에서 튼튼한 줄로 바뀐다. 그리고 주변의 온갖 망상까지도 이해할 수 있고 주장도 펼 수 있는 눈, 코, 입…… 인간의 몸을 하나하나 갖추며 삼차원의 의식으로 달린다.

비로소 주체적 형체를 갖췄지만 사망으로 숨이 멈출 때까지 이어지는 의식의 분열과 달리기는 필연적으로 지치고 후퇴하고 길을 잃고 이리저리 헤맨다. 방황과 시행착오라는 대가를 치를수록 의식은 정체성과 주체성을 확립해간다.

'독립된 자아'

정점에 이른 어느 시점에서 드디어 성숙한 1인칭 의식으로써 인격체를 형성, 모든 의식의 배턴을 하나로 모아 앞으로 나아간다.

성숙해진 의식은 삼차원을 감당할 수 있는 독립적 주체여야만 한다. 그래야 입체의 세상 속에서 시공이 초월된 사차원까지 수용하며 당당히 창의적 존재로 달릴 수 있다.

위대한 하늘은 의식을 불완전사고체로 떨어뜨렸지 결코 완전사고체로 떨어뜨리지 않았다. 애초부터 불완전체가 예정된 것이니 언뜻 아쉽지만 오히려 행복, 완전한 것은 오히려 완전한 불행, 설령 초라하고 왜소하고 연약한 주체성일지라도 의식의 질주를 할 수 있다.

단, 인간의 한계를 시험하는 극단적 현실이 주체성을 내외적으로 방해할 경우 삶의 포로가 되어 의식은 늘 쫓긴다.

어떡하든 지키려 했던, 간직하려 했던 가정, 건강, 부모, 자식, 사랑, 경제력…… 소중한 그 모든 것들의 붕괴, 극한의 한계에 부딪힌 비감한 현실 앞에서 자꾸만 현실회피하려는 의식은 순간적으로 발작, 당장 모든 의식에 마침표를 찍고 싶지만 스스로를 지켜내려는 본성과 그동안 다져진 인성이 허락하지 않는다.

'생존본능'

처연해진 의식은 세상 속 제자리를 되찾기 위해 때로는 도망치고 때로는 맞서며 달린다.

그토록 최선을 다했건만 운명이나 거대한 절망 앞에서 좌절된 의식은 자기애(自己愛)마저 소멸시킨다.

정신의 와해, 의욕상실, 무가치감, 무기력감, 우울증이라는 벼랑까지 치닫고만 의식은 최소 20년 이상 꾸려온 자아를 상실하며 혼돈의 세계로 빠지고 만다.

피폐해진 정서와 정신의 공황 속에서 인지력, 분별력, 판단력이 저하됐어도 어떻게든 의식은 나를 바라보고 있는 너와 나의 이 세계로 냉철하게 되돌아와야만 한다. 비록 더 이상 진화하는 인간으로서 달리기를 못하더라도 이 세상으로 반드시 되돌아와야만 한다.

"왜?"

악마에게 부모를 팔아서라도 스스로를 살아내야만 하는 의식의 달리기를 그 누구도 피할 수 없지 않는가!

만일 그러한 자각마저 이탈한 의식의 폭주는 오로지 혼돈으로만 치닫는다. 이젠 걷잡을 수 없다. 주체에 깃든 의식의 달리기에서 죽음이 축복인 블랙홀로 빠져버린 의식은 삼차원과 사차원의 두 개념이 하나로 맞물리며 용암이 터지듯 폭발해버리고 일순간에 자아자체를 파괴시키는 정신분열을 일으킨다.

절대로 넘어서는 안 될 마지노선까지 무너진 의식은 이제 여러 개의 단순한 객체일 뿐, 식물인간 아닌 식물인간 의식으로서 새끼가 어미의 자궁을 그리워하듯, 짐승도 때가 되면 본능적으로 태어난 곳을 그리워하듯 온 길의 처음만을 찾게 된다. 회귀를 열망한다.

'죽음, 무의 평안'

의식의 역류이자 퇴행은 한계점에서 광인과 폐인의 모습으로 너울너울 춤을 춘다. 그리고 시행한다.

자살, 자해, 자폐…….

어머니…… 하나님…… 부처님…….

마지막 순간과 마주한 바로 그때, 역설적으로 궁지에 몰린 쥐는 고양이를 문다. 실핏줄보다 더 가늘지만 내면의 세계에 온전히 살아 있던 한 줄기 의식의 빛으로 초인적 의식이란 달리기를 시도한다. 성공한다면 가족, 사랑, 종교…… 목숨을 바쳐서라도 사수하려 했던 그 모든 것들의 새로운 출발선상에 설 수 있다.
바로 그것이 '최후의 희망'

이기느냐 지느냐! 사느냐 죽느냐!

극복의 삶과 포기의 삶이 덩그러니 각자 선택의 몫으로 비정하게 남는다.

그 고비를 넘어 지금 이 순간까지 달려온 사람의 한마디

"금강산도 식후경, 밥 묵읍시다! 거 골치 아픈 야그 고만 하고 밥 묵자고요."

## 인공위성

우리 눈뜨고 아옹거릴 때 제 3차 세계대전 이미 발발

세계의 치밀한 전략, 무차별 공격
24시간 내내 몇 백 개의 채널로 진행 중
스포츠, 음악, 영화, 만화, 에로까지…….

성인물, 폭력물, 오락물…… 청소년에게 유해 원천봉쇄
우리는 아직도 성인을 청소년과 결부
청소년이란 잣대로 심판 중
역으로 청소년은 성인이란 잣대로 심판 중

만화 나쁜 것, 게임 유해한 것, 대중가요 마찬가지
청소년들에게 가급적 금지

추천도서만 읽을 것, 클래식만 들을 것, 건전한 놀이만 할 것
불문율원칙 청소년들에게 적극 권장, 장려, 세뇌
순진한 성인에게도 적용

그들의 각종 규제와 탄압

일본을 전 세계 제 1위의 애니메이션 왕국
게임 왕국으로 발전시킨 일등공신

일본 경제력은 강화 일본 경제는 활성화
한국 경제력은 약화 한국 경제는 비활성화
우리의 꿈나무들 창의성마저 말살

그걸 경제적으로 환산
그들은 실로 어마어마한 IMF형 경제사범

그 증거,
21세기는 애니메이션과 게임 산업이 좌지우지
범국가적으로 지원육성 할 것
그들조차 이제야 비열하게 역설
고발인은 머리가 멍청 법 완전 문외한
단 뚝심의 한국인 정신력 발휘
일명 애국자인 그들에게 한 가지 죄목 추가

인터넷까지 동원
우리 문화 두 눈 뻔히 뜬 채 와르르 허물어지는데도
소 읽고 외양간 고치는 그들이 제시한 대안
시대의 흐름과 현실과 동떨어진
그럴 듯한 논리의 이상론 탁상공론
역시 구습 사고방식에 연연 이건 대국민 농락죄로다.

몇 십만도 아닌 고작 몇 만 명에 불과한 파워
무슨 힘인지 슈퍼맨 변신 몇 천 만 명에 달하는 성인과 청소년
당당하게 심판해버린, 심판 중인 매국노들이여!
이제는 단죄를 받으리라!

세상은 요지경

문제의식 제시한 이들 여전히 패소
사회악으로 귀결
항소 포기, 단 왜 그들은 우리만, 동족만 심판?
우리에게 전파마약 무차별 쏘아대며 문화 침공 중인
적들에게는 왜 속수무책?
우리의 선봉에서 두 눈 쌍심지 켜며 우리를 지킨다는 영웅적 그들
과연 아군인가? 과연 동족인가? 과연 리더인가?

그들의 허울 좋은 답변!
바야흐로 지구촌은 하나

우리의 최후 항변!
바야흐로 지구촌은 하나의 약육강식

적을 상대하려면 우리에게도
동등한 무기, 동등한 문화규칙 필수

반만년 역사 속에 태어난 동방예의지국 또다시 반발

또다시 뒤로 물러서지만 비슷한 규칙 필수 불가결

감정마저 정서마저 하나로 동화되는 지구촌이라는 전장에서
모든 욕구충족 자국 것으로 불만족이면 외화낭비, 음성거래, 암적
시장 확산
아무도 부인할 수 없는 사실, 현실

앞을 보나 뒤를 보나 오늘도
일본 만화, 일본 애니메이션, 일본 게임…….
일본문화의 포로들 할리우드의 포로들

문화 침공 문화식민지 진정 막을 수 있는 건,
백의민족이라는 뿌리 의식 아래
시대에 뒤쳐지지 않는 인성교육 민족의식

고발인은 주입식 교육에 정신마비
사실 인성교육 의미조차 완전무지

단 백의민족의 후예임은 아노라.
우리 조상님들 명언을 남겼노라.

"구더기 무서워 장 못 담그랴!"

## 칼잽이

그 많던 칼잽이들은 죄 어디로 갔는지……
불구덩이도 마다않던 지성의 고수들이
왜, 숨고 타협하고 칼을 버렸는지, 버려야했는지……
중원은 예나 지금이나 어중이떠중이 온갖 미꾸라지가 판을 치는데
조무래기만 나설 뿐, 대가린 선뜻 칼을 뽑지 않는다
대충 시늉만 한다

최소한 밥은 굶지 않게 되었으니 이젠 안주, 안위 보신인가
동맥인 상아탑도 완전 직업훈련소로 전락인가

슥삭슥삭! 슥삭슥삭!
칼을 간다. 나부터라도……
슥삭슥삭! 슥삭슥삭!

칼은 이미 오래 전에 날카롭다 못해 예리한 송곳이 되었는데도
가늘고 길게 가고픈 이놈의 명줄이
슥삭슥삭! 슥삭슥삭!
속절없이 칼만 갈아 댄다

귀신에게 잡혀갈라
문 꼭꼭! 틀어 잠그고 꺼진 불도 다시 끄고
무덤 같은 골방에서 주둥이로만 떠벌떠벌 자위한다

양심이 죽고 순수가 죽고 열정이 죽는다
뜨거운 청춘이 싸늘하게 식고 사람으로서 가치가 죽는다

나무아미타불 관세음보살
옴도로도로 지미 사바하
아멘

꼴까닥!

# 독설

무에서 온 유의 존재가 다시 무로 돌아가는 건 순리이며
이름 모를 저곳에서 이름 있는 이곳의 생이 주어졌으니 주어진 생을
살면 끝.

영생이란 나는 소멸해도 나의 생명인자만 뿌리면 이루어지는 것

현실도피의 가장 훌륭한 피난처, 자살

언뜻 죽으면 모든 삶의 굴레를 벗고서
평안을 얻을 것 같지만 바로 지금의 생명이
죽음의 세계 내세일 수도 있다.

수많은 신은 신일 뿐
수많은 설은 설일 뿐
생명이 어디서 오는지 그 누구도 모르고
죽음도 어디로 가는지 그 누구도 모른다.

생명도 새로운 삶의 시작, 죽음도 새로운 삶의 시작
생명과 죽음은 동등의 세계, 단지 현세 내세 구분아래

더 나은 삶인지 더 못한 삶인지 그것이 문제

묻노라.
생명이라는 현재처럼 죽음이라는 미래에도
자살을 선택하고픈 삶이 주어지지 않는다고
그 누가 증명하겠는가.

나는 결코 모르노라.
고로 오늘을 사노라.

## 희망이란

니체가 신은 죽었다라고 했다.
왜 그랬을까?
어떠한 비애로 번뇌로 신을 죽여야만 했을까?

이유야 여하간 미련이 남았었나보다.
신은 없다. 라고 하지 않고 죽었다라고 했으니까.

그는 기다리고 기다렸을 것이다.
자기가 죽여 버린 신이 자기 기준에 맞게 부활할 날을

누군가도 그러고 싶지만 그러지 않을 것이다.

의타심은 공공의 적이다.

## 너머를 향하여

나는 나의 존재를 부정할 수 없다.
고로 신의 존재도 부정할 수 없다.

이면을 너머를 창작하지 못하면
비논리적이며 비과학적이며 비생산적이며 자기중심적이다.

비과학도 과학의 일부
단지 과학으로 풀어내지 못할 뿐

여기가 끝이 아니다.
우리는 저 너머에 가야 한다.

날아야 한다.

# 아침

번뇌의 이름으로 오늘도 많은 별들이 잠 못 이룬다.
밤은 이 밤도 그 별들을 다그친다.

가고 싶지만 못 가고 쫓기는 심령들, 객이 되어 떠돈다.

어디로 가야 하는가? 진정 어디로……?

영겁의 침잠 속에서도 고개 들어보면 다시금 먼동이 트니
고뇌의 벽을 부숴버리려고 아침이 기다렸나.

# 마지막 편지

꼭 한 번은 편질 써야 한다. 마지막 편질 써야 한다. 그토록 간절했었는데 막상 펜을 들고 보니 감정이 복받치고 그리움이 밀려온다.

'진국, 진국, 진국이…… 진짜배기 진국이…….'

내가 그 앨 처음 만난 건 새천년의 시작을 한 해 앞둔 1999년 봄이었다. 대중매체에선 지겨우리만치 얼마 남지 않은 새로운 세기에 대한 기대와 설렘, Y2K의 우려가 한창이었지만 진국이와 나에겐 먼 나라 얘기였다. 대신 한 사람에겐 소년소녀가장, 또 한 사람에겐 일급지체장애인이라는 수식이 붙어 있었다.

"안녕하세요. 저희는 모두 소년소녀가장이랍니다. 고등학생, 중학생, 초등학생으로 구성된 동병상련 모임인데요. 우리도 도움만 받지 말고 우리의 손길이라도 필요하신 분이 없나 물어물어 산 넘고 물 건너 왔습니당~."

"……."

"당황스럽죵? 실은 저희도 무우척! 당황스러워요. 단단히 맘먹고 왔지만 긴장도 되구요. 뭘 어떡해야 하는지도 도통 모르겠네용."

기특했다. 걔 중엔 마지못해 따라온 초등학생도 눈에 띄었지만 소년 소녀가장이란 사연을 드러내며 봉사활동을 실천하기가 쉽진 않았을 텐데 대견스럽기 그지없었다.

인사를 나눈 후 사회성 없는 나나 그들이나 서로 눈치만 볼 뿐 우물쭈물 모든 게 서툴렀으나 불순물을 모두 침잠시키는 침묵과 서로의 처지가 벽을 허물고 삼촌과 조카의 연을 맺어주었다.

"삼촌! 삼촌! 불편한 거 있음 말씀하세요. 저희가 할 수 있는 건 다 해드릴게요."
"그러다 내빼려고……."
"힘들면 그래야죵."
"모야! 욘석이……."
그해 오월은 푸르고 푸르렀다. 날 실은 이동침상을 든 작은 손들과 함께 산과 들로 외출을 다니며 이 세상은 나 혼자가 아님을 꽃피웠다. 은 연중 각자 어깨를 짓누르는 산다는 것이 묻어나왔지만, 비록 말 할 수 없고 표현할 수도 없는 채워지지 않는 그 무언가로 인해 마음은 가난하였지만 그럴수록 애정이 샘솟았다.

째깍째깍 똑딱똑딱 째깍째깍 똑딱똑딱…….

가급적 일주일에 한 번씩은 만나고 장미나 꽃잎을 담은 편지도 왕래하였지만 시간의 흐름 속에서 하나둘 떠나가고 소식이 끊기고 소원해졌다. 모든 건 추억으로 묻히는 듯했다.

한국 월드컵 4강 신화가 탄생했던 2002년 크리스마스이브 늦은 밤이었다. 저벅저벅 인기척이 들리는가 싶더니 낯익은 목소리가 방문을 열었다.

"삼춘, 그동안 안녕하셨어요. 저 진국진국 진국이 진짜배기 진국이 왔어요."
"오~ 진국이. 오랜만이다. 소식이 없어서 군대 갔나 했는데…… 반갑다. 반가워."
"저도 무쟈게 반가워요."
"그래그래. 근데 그동안 어디서 뭐하며 지냈니?"
"학교 졸업하고 빈둥대다 이것저것 했어요."
"이것저것이라…… 면, 막노동 서빙?"
"우와~ 삼춘. 족집게! 족집게! 어떻게 알았어요?"
"들은풍월이다. 여자들은 모르겠다만 남자들은 고등학교 졸업하면 막노동과 서빙이 옵션이래나 뭐래나…… 암튼 할 만하디?"
"……"

아무런 대꾸도 없이 녀석은 잠시 고갤 떨구더니 불쑥! 얼굴을 들이밀었다.
"삼춘! 사랑해요. 삼춘."
"뭐야. 뜬금없이…… 나도 사랑해. 근데, 킁킁! 너 술 마셨구나. 어유. 술 냄새. 뭔 술을 이리……."
"삼춘! 삼춘……."

내 말이 채 끝나기도 전에 진국인 내 품을 와락 파고들더니 울먹거렸다.

"마셨어요. 많이많이 마셨어요. 삼춘 제가 어떻게 살았는지 다 아시죠. 김치가 떨어지면 쌀이 없고 쌀이 떨어지면 김치가 없고 간장에 밥 말아먹을 때도 울지 않았는데, 울어봤자 구질구질해서 울지 않았는데, 외로움이란 게 그렇더라구요. 그냥, 그냥 아무나 같이 있고 싶은데…… 그냥 막 가슴이 뻥 뚫리는데…… 갈 곳이 없더라구요. 그래서 마구 마셨어요. 할매 산소 가서 마셨어요."

가슴이 콱 막히고 목구멍은 굵직굵직한 게 치밀어 올랐다. 형형색색의 크리스마스 캐럴이 한창이던 밤, 그런 삼촌과 그런 조카가 그렇게 보듬고 울었다.

"삼춘, 크리스마스 선물이에요. 방에서도 추우실까봐 목도리로 골랐어요."
"……."
"아, 고렇게 감동할 건 없고요. 사회 나가서 첫 월급 타면 해드리고 싶었는데 늦었네요. 죄송해요. 히."

심난했다. 정말 심난했다. 뉘서 똥오줌 싸는 내 품도 품이라고 찾아왔는데 나보고 어쩌라고…… 비가, 소낙비가 그렇게 내렸다.

그 후 진국이가 입대했다. 다음에 만나면 맛있는 거 사달라며 손을 흔들었다.

또다시 째깍째깍 똑딱똑딱 시간이 흘렀다.

"진국아. 그렇게 너와 나의 연이 끝났다면 어땠을까?
아니, 아예 우리가 모르는 사이였더라면 어땠을까?
운명이 피해갔을까?
네가 죽다니, 네가 죽다니, 어떻게 그런 일이 있을 수가 있니…… 응!
말 좀 해보렴. 삼춘! 삼춘! 해보란 말이야 임마!"

억눌렀던 슬픔과 눈물 그리움이 다시 파고든다. 진국이가 죽었다. 진국이가…… 2008년 5월 대학병원 중환자실에서 홀로 서러운 눈을 감았다.

"삼춘. 저 제대했어요. 조만간 찾아뵐게요. 가면 맛있는 거 사주셔야 해용. 알았죠!"

"아, 삼춘. 죄송해요. 뭐가 이리 바쁜지, 하도 인기가 많아서리 당최 짬이 안 나네요. 시간 나는 데로 꼭 찾아뵐게요. 아니지, 꼭, 반드시 찾아갈 거예요. 맛있는 거 사주신댔잖아용. 꼭! 꼭! 얻어 묵으러 가야징~ 히."

다 큰 사내 녀석이 어리광을 그리 부리더니 그렇게 훌쩍 떠나버리다니…….

"대답해 임마! 대답하란 말이야. 짜샤! 너 죽었다고 내가 화 못 낼 줄 알았냐! 넌 그렇게 떠나면 안 돼. 글고 내가 니 가족이냐. 왜 니 휴대폰에 가족으로 저장돼 있냐. 꼴랑 세 사람밖에 없는 가족란에 내가 왜 들어갔냐고! 으~ 미치겠다. 진짜 미치겠다. 허탈하다. 너무너무 허탈하고 괴롭다. 저 하늘을 왁 물어버리고 싶다."

2002년 이후 만날 듯 만날 듯 죽기 전까지 전화로만 그리움을 주고받았다. 전북 순창과 전남 광주, 버스로 50분도 채 안 되는 거리에 있으면서도 뭔 놈의 산다는 것이 그리도 팍팍한지, 복 없는 놈은 그렇게 여유도 없어야 하는 것인지…….

제대 후에도 진국이는 방황을 했다. 젊은 치기였는지 이리저리 싸돌아다니며 여잘 만나 실연을 당하기도 했다. 그러다 2008년 4월말 급박한 전화를 받았다.

"여여기는 조대 응급실인데요. 진국 선배가…… 선배가 위독해요. 의식도 없구요. 의사가, 의사가 가망이 없대요. 저저, 저는요. 직장 후배인데요. 출근을 하지 않아 자취방에 가봤더니 쓰러져 있더라구요. 어어떡해야 하나요? 핸드폰 보고 전화했어요. 가족으로 세 사람이 있는데 아저씨 말곤 번호가 없어요. 어디 따로 연락처도 모르구요."

그렇게 전활 받았다. 엉엉 울면서 누군가 그렇게 전화를 해주었다.

뇌출혈이래나 뭐래나…… 조금만 일찍 발견했더라면, 누군가 같이 자고 같이 밥 먹었더라면, 스무 살을 못 넘길 거란 나도 살아 있는데 팔팔하게 젊은 놈이 죽다니, 스물여섯밖에 안 된 녀석을 데려가다니…….

"그래야했습니까? 꼭 그래야만 했습니까? 어이, 높으신 양반! 말씀 쪼까 혀보셔요. 워때요? 속이 후련하십니까? 그토록 애정이 주린 녀석을 세상 하직시키니까 속이 션허드냐 이 말입니다 시방! 그라문 안 되지라. 길 가는 사람 아무나 잡고 물어보쇼. 그려도 되는지? 그라문 안 되지라. 인두껍을 쓰고도 요로콤 말이 안 되는디 높고 높으신 양반이 그라문 참말로 안 되지라. 그라고 당신의 세상 다스리는 공식은 하도 복잡혀서 나 같은 대갈통으로는 죽었다 깨나도 모르것어라."

"진국아. 진국아. 나 너 죽고 편지 많이 썼다. 참말로 마아니 썼다. 요 맘에 자동으로 써지더라. 중얼중얼 써지더라. 첨엔 실감이 안 나더라. 너 고로케 되기 일주일 전에 통화도 혔는디, 죽어붓다니, 너 같으면 믿어지것냐? 넌 나쁜놈이여. 그동안 견딘 세월이 억울혀서라도 꿋꿋하게 살것다고 혔음서 요로콤 못을 박아부러야쓰것냐. 미안허다. 이렇게 주접을 떨어도 분이 안 풀린다. 취하고 싶다. 실컷 취하고 싶다. 흐느적흐느적 저기 저 시커먼 어둠을 부여잡고 배회하고 싶다. 자꾸만 사람들아! 사람들아! 외치고 싶다."

"잘 살아라. 그곳에선 질질 짜지 말고 잘 살아야 혀. 알긋냐! 나도 잘 살란다. 몇 번을 인공호흡기로 숨셔도 뜨는 저 해 봄시롱 함 살아

볼란다. 글고, 그립다보면 언젠간 우리 또 만나것지. 안 그냐?"

"사랑한다. 임마!"

## 끝맺음

인생이란 명제를 두고서
머릿속에만 있는 건 답이 아니다.

오답이든 정답이든, 성공이든 실패든, 합격이든 불합격이든
도전이라는 실천이 이루어져야만 비로소 답이 된다.

내 머릿속에서 표출되어야만 내 답이 된다.

추어라! 추어라! 춤추어라! 새벽이여!
산다는 것으로 코뚜레가 꿰인 고혼들
새벽이 아니면 그 누가 씻어주리
노트르담의 꼽추도 뾰족탑에 올라간 건
정녕코 새벽을 맞으려 함이리라

나 또한 너의 정기를 받아 죽을 수 없는 이 한 몸,
오늘은 초라하지만 내일은 누군가의 전설이 되어
힘차게 부활하리라.

이 글이 나오기까지 45년을 하루같이 생기를 불어넣어주고 계시는 어머니께 이 책을 바칩니다.

내 몸처럼 치료해주시는 화순전남대학교병원 강호철 교수님, 임회순 교수님, 박홍주 교수님, 정승곤 교수님, 임숙정 교수님, 언제나 어려운 환자 입장에서 지원해주시는 황복순 사회복지사님, 호남대학교 정경이 교수님 고맙습니다.

한결같은 응원군인 든든한 의동생 개그맨 윤석주, MBC 윤미현 PD, 메이크 미라클 김동현 대표, 남원 이용균 선생님, 제천 경원모 동생, 친구 권진주, 류석태, 김성식, 경아 누나, 미숙 누나, 미국의 박소영 누나, 야생마 형님, 김성룡 형님, 와인딩, 깨복쟁이 동네 후배 박영철, 임주섭, 조홍석에게도 고마운 마음을 전합니다. 출판사 밀알은 말할 것도 없고요.

로사 필로테아에겐 평안을 기원합니다.

2014년 10월, 박진식